U0509906

中國美術分類全集

中國青銅器全集

7

東周

1

中國青銅器全集編輯委員會　編

《中國青銅器全集》編輯委員會

主　任

馬承源（上海博物館館長　研究員）

委　員（按姓氏筆劃排列）

王世民（中國社會科學院考古研究所研究員）
杜迺松（故宮博物院研究員）
李中岳（文物出版社高級編輯）
李國樑（安徽省博物館副研究員）
吳鎮烽（陝西省考古研究所副所長　研究員）
郝本性（河南省文物考古研究所研究員）
馬承源（上海博物館館長　研究員）
段書安（文物出版社副編審）
俞偉超（中國歷史博物館館長　教授）
陶正剛（山西省考古研究所研究員）
陳佩芬（上海博物館副館長　研究員）
郭素新（內蒙古自治區文物考古研究所研究員）
張囤生（文物出版社副總編輯　編審）
張長壽（中國社會科學院考古研究所研究員）
張增祺（雲南省博物館研究員）
楊　瑾（文物出版社編審）
楊育彬（河南省文物考古研究所所長　研究員）
楊錫璋（中國社會科學院考古研究所研究員）
趙殿增（四川省文物考古研究所副所長　副研究員）
熊傳薪（湖南省博物館館長　研究員）

顧　問

李學勤（中國社會科學院歷史研究所所長　研究員）

凡例

一　《中國青銅器全集》共十六卷，主要按時代分地區編排，力求全面展示中國青銅器發展面貌。

二　《中國青銅器全集》編選標準：以考古發掘品爲主，酌收有代表性的傳世品；既要考慮器物本身的藝術價值，又要兼顧不同的器種和出土地區。

三　本書爲《中國青銅器全集》第七卷，選錄東周時期虢、鄭、秦、蔡、黃等國青銅器精品。

四　本書主要內容分三部分：一爲專論，二爲圖版，三爲圖版説明。

目錄

虢、鄭、秦、蔡、黃等國青銅器概述

郝本性

公元前七七〇年，周平王放棄豐、鎬的西周故土，遷都于西周王朝的東都，即今河南省洛陽市，歷史進入史學上所稱的東周時代。東周時代包括春秋、戰國兩個階段，其間以周元王元年，即公元前四七五年爲戰國開始年，這一時代至秦始皇統一六國的公元前二二一年而終止。

春秋時期，西周王朝的統治在事實上已瓦解，從此開始了諸侯爭霸的局面。各諸侯國在經濟寬鬆的環境中競相發展，同時逐步呑幷鄰近小國，各諸侯國內部的卿大夫也乘機擴大實力，把持國政，因而出現諸侯與卿大夫間、卿大夫彼此間爭奪權力的激烈鬥爭。青銅器是禮制與貴族等級制度的具體體現物，因此春秋時期王臣之器已少見，諸侯與卿大夫甚至卿大夫家臣造器已明顯增多。各地諸侯都擁有青銅鑄造作坊，青銅鑄造業分布廣泛，產品增加，在春秋中期以後，青銅工藝得以復興，青銅器造型別致、紋飾精美，幷由禮器逐漸向實用器轉化，而且銅器的地域特點突出，逐步形成各地自己獨特的形制特徵與藝術風格。這一趨勢一直延續到戰國時期。

本卷爲東周第一卷，主要介紹中原地區，包括今河南省、陝西省與部分甘肅省、安徽省的青銅器。

一　虢國、鄭國、秦國與東周王國青銅器

虢國是西周初年的諸侯封國，虢仲、虢叔爲周文王的同母兄弟。他們分別受封爲東西二虢，東虢在今河南滎陽東，西虢在今陝西寶鷄東。周平王四年（公元前七六七年），東虢被鄭國所滅，西虢原地有小虢，公元前六八七年爲秦所滅。西虢東遷于今河南三門峽所在地，此乃

平陸——陝縣之虢，并于公元前六五五年被晉所滅。關于三門峽虢國建立的時代，主要有西周晚期說、兩周之際說和春秋初期說三種觀點，本文採用兩周之際說。三門峽上村嶺虢國墓地有兩次重大發現：第一次是一九五六年至一九五七年，黄河水庫考古隊發掘二百三十四座墓葬，收獲頗豐，其最高等級墓爲虢太子墓①。第二次是一九九〇年至一九九二年，河南省文物考古研究所與三門峽市文物工作隊，發掘墓葬七座，車馬坑多座，出土青銅器七千餘件②。其中二〇〇一號墓出「虢季」銘的銅器，二〇〇九號墓出「虢仲」銘的銅器。所出銅禮器均爲九鼎八簋，身份均應爲虢國國君墓。禮器有鼎、簋、鬲、盨、盤、匜、壺、豆，編鐘有甬鐘和鈕鐘，鐸則單件出現。此時期銅器製作不夠精緻，特別是有一套仿古的爵、觶、方彝、盉。扁圓式的盉乃是專爲死者鑄作的明器，以顯示死者的身份與地位。方彝呈四方棱臺形，平底下加四小足。觶附有雙卷耳。爵與商末周初形制迥异，流與尾均短，腹壁往下內收，三高足外侈。類似爵形僅見于宋人金石著錄。這表明虢國貴族歷任王朝卿士，重視傳統禮制，爲固守周禮而蓄意保存古代禮器形制。五十年代發掘的資料，其青銅器組合不同，有學者曾對其進行過分期研究和綜合研究③。郭寶鈞先生認爲上村嶺器群結束了晚商以來的傳統風格。九十年代新發現的資料，十分重要，與山西曲沃曲村晉侯墓的青銅器有些相似，可以相互參考。

鄭國始封君桓公爲周厲王少子、宣王庶弟，宣王二十二年（公元前八〇六年）封于鄭。該地名棫林，據學者考察，在今陝西鳳翔境內。西周末年，桓公與幽王被犬戎所殺，其子武公帶兵護送周平王東遷洛邑，趁勢滅亡了東虢與鄶國，在今河南新鄭一帶建立新國。該地附近原有殷遺民從事商業，鄭國國君便同商人簽訂相互支持的協議。鄭州一帶原有的商文化較爲發達，青銅鑄造技術較高，鄭國青銅器在此基礎上繼續發展，同時又保持了周文化的傳統風格。春秋中期以後，鄭國在諸侯爭霸的縫隙中生存，青銅鑄造又吸取了晉、楚文化的精華。

鄭國青銅器群的發現曾轟動一時，一九二三年，新鄭農民鑿井時發現一大墓，雖然當時軍閥靳雲鶚派兵進行非科學發掘，但出土青銅器數量較多。計有鼎二十二件、鬲九件、甗一件、簋八件、鉶六件、簠六件、壺六件、罍三件、盤三件、匜三件、犧尊一件、方爐一件、鎛四件、鐘十八件，此外還有兵器與車馬器。其中大牢九鼎、七鼎各一套，還有相配的八簋。從其組合及銅器總體判斷，該墓應爲鄭國國君墓[4]。該墓時代爲春秋中期稍偏晚一些。該墓所出王子嬰次爐，紋飾爲細線方格乳釘紋，形制也爲楚式，銘文書體亦有楚風。王國維考證此乃楚令尹子重的器物，是可信的。該令尹爲春秋中期人。

新鄭銅器器形構成，新舊相雜，個別器類仍保留早期遺風，大部分銅器均有新風格。該墓混雜有附近小墓的器物。

蓮鶴方壺是鄭國青銅工藝的傑作。本來方壺是由宗周地區發展起來的，在周式方壺的蓋上加蓮瓣，乃是從春秋初年曾仲游父壺上的花瓣演變而來，是西周晚期流行的波曲紋的半鏤空形制的再現。蓮瓣蓋上裝飾一隻仙鶴，作展翅欲飛狀，既寫實又生動，而且可以取下來，便于壺蓋却置。方壺兩側有龍形雙耳，四角置立體怪獸，圈足下有一對承托的咋舌怪獸，使整個造型呈現某種動態和旋律感。

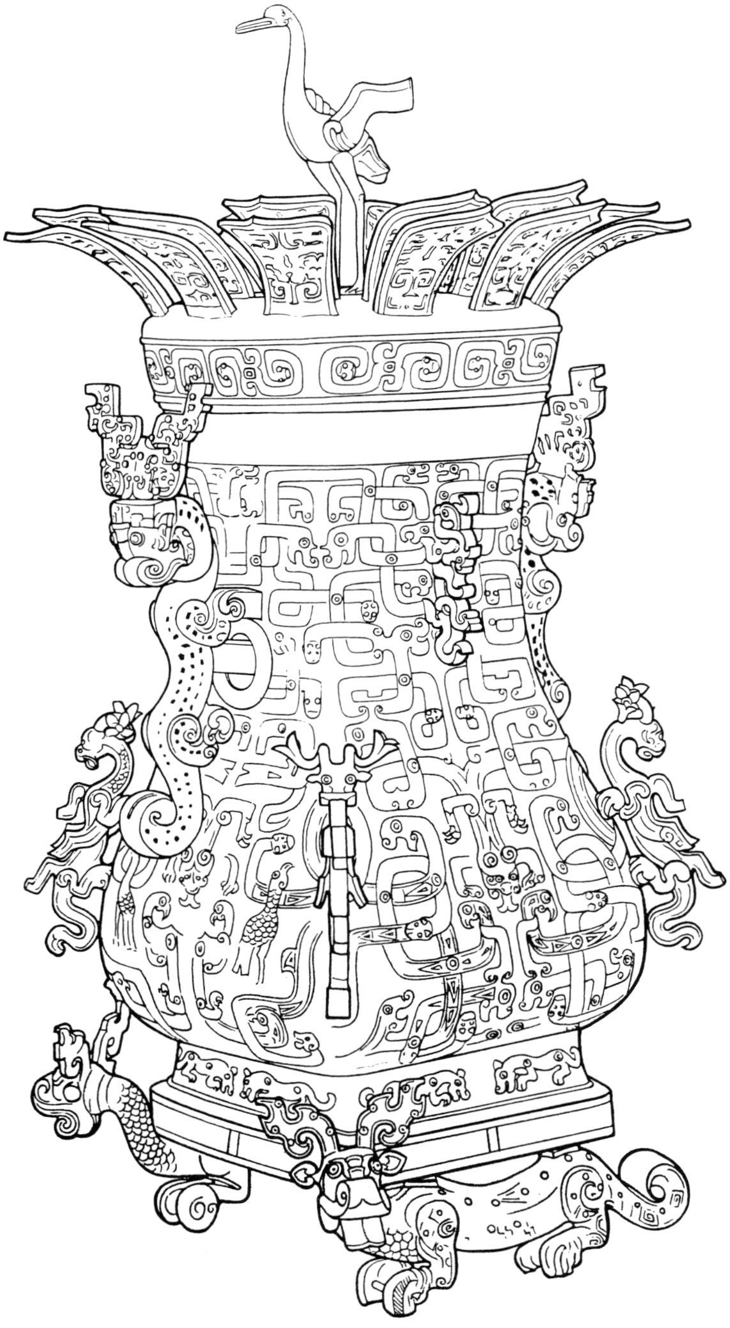

蓮鶴方壺

新鄭鄭韓故城出土方壺

新鄭鄭韓故城出土圓壺

該地還出土一對方壺，壺上部呈長方直頸，下部近于圓腹，頸腹以十字帶爲界，分壺體爲三段。上爲透孔方形蓋，口外侈，兩耳作爬龍狀，附環，圈足下也有二獸相承托。河南淅川下寺一號楚墓也出土過類似的方壺，兩者龍首與獸足大同小异，鄭器受楚器影響是有可能的⑤。

一九九三年六月在河南新鄭修築金城路時發現多座青銅禮樂器坑和殉馬坑，出土六十多件青銅禮樂器；一九九四年十月至一九九五年三月在新鄭城市信用社基建工地又發現六座青銅禮樂器坑和五十六座殉馬坑，出土青銅禮樂器五十七件。一九九六年十二月至一九九七年一月，河南省文物考古研究所在配合基本建設中，在新鄭鄭韓故城的東城西南部發現春秋時期鄭國青銅器坑十座，出土青銅器二百五十五件⑥。其中四座禮器坑出土鼎、壺、簋、鬲、鑑、豆等一百一十一件。六座樂器坑出土編鐘十八套一百四十四件。其中三座禮器坑的組合是九鼎、八簋、九鬲、二方壺、一圓壺、一鑑、一豆，每坑出三十一件；另一禮器坑爲九鼎、九鬲，即出土十八件。鼎的形制與新鄭李家樓鄭伯大墓所出相似，立耳折沿，深腹，圜底近平，鼎足爲獸面蹄形足。方壺爲圓角長方體，上承長方形壺蓋，長頸較直，頸較細而微內曲，垂腹，壺頸兩側有龍形耳，通體飾粗壯龍紋，壺的時代較頌壺晚，頸較細，宜定爲春秋中期。樂器坑內出土編鎛一組四件，鈕鐘兩組分兩排，每組十件，均有掛鐘的木質鐘虡。這不僅爲編鐘組合制度提供了新資料，也爲瞭解春秋時期流行的「鄭聲」提供了可靠依據。鄭國以十鐘爲一堵，兩堵爲一肆。據《左傳·襄公十一年》記載，鄭人賄晉侯以「歌鐘二肆及其鎛、磬。晉侯以樂之半賜魏絳。」可見大國卿大夫用樂爲一肆，諸侯用樂爲二肆。由此推知，鄭國這些樂器坑既然爲一肆，或許因國小；或許爲卿大夫級貴族所使用⑦。埋藏的原因待大面積發掘後進一步探討。九鼎八簋的組合，西周前期只有周天子才能使用，春秋中期以後不僅諸侯可用，諸侯之卿也可僭用。因此，這些銅器群的主人應具體分析。

秦國分布在今陝西、甘肅地區，秦爲嬴姓部族。秦先祖非子初居西犬丘（今甘肅天水西南），爲周孝王養馬，被賜予秦邑，始稱秦。秦人偏處于今甘肅東南一帶，與西戎各族混處。近年在甘肅天水、禮縣大堡子山發現秦國早期墓群，由于被盜，銅器流失不少，後經上海博物館搶救，甘肅省文物考古研究所清理，已知有鼎、簋、壺、鬲等，目前在此清理出兩組墓園，各有一車馬坑。關于墓主的看法，一爲莊公或秦仲與莊公，即西周晚期說，一爲襄公與文公，即春秋初期說⑧。我們傾向後者。襄公與戎作戰，其子文公才眞正控制了岐以西的地方。襄公死後與文公死後，《史記·秦始皇本紀》記均「葬西垂」，《秦本紀》又記文公死後「葬西山」。西山、西垂指一地，此地二大墓應爲秦襄公與秦文公墓。春秋早期的秦器首先應提出二大墓出土的秦公鼎和秦公簋。秦公鼎已知有四件，直耳，垂腹，淺腹平底、蹄足，口沿下有獸目交連紋，器銘爲「秦公作寶用鼎」。秦公簋二件，斂口，鼓腹，圈足下有三獸足。蓋上提手大，器兩側有獸首耳，蓋邊與器沿飾具有特點的獸目交連紋，每組紋飾間飾一凸獸首，器蓋六組獸首相對，頗有特色。圈足飾垂鱗紋，餘飾橫條紋。器銘爲「秦公作寶簋」。

春秋時期秦國銅器傳世品較少，五十年代以來，在一些小型銅器墓中時有出土。鳳翔秦公大墓被盜嚴重，小墓墓地分散，已有學者參照同出陶器，對秦器器形演變規律及器物組合進行過分期幷且加以探討⑨。

春秋早期秦墓還可以舉出寶鷄姜城堡墓，出土鼎三件、簋二件、盤一件、壺一件，這種扁體小口壺，仍保留西周晚期形制。該墓還出土一批銅明器，已初步顯示出三足粗壯的秦鼎特點。而戶縣宋村三號墓、靈臺景家莊一號墓和隴縣邊家莊五號墓出土的銅器，在形制上已呈現出秦國銅器的特點。景家莊一號墓三鼎配一甗，其他兩墓均爲五鼎配四簋。鼎腹較淺，三蹄足粗壯，鼎足上部外鼓，下部也向外伸張，這便是東周時秦鼎的明顯特點。戶縣宋村三號墓方甗上部甑的四壁較直，仍保持西周遺風。該墓的銅簋腹較深，通體爲橫條紋，口微斂，雙耳較小幷且無珥。壺腹部飾粗龍紋，仍有西周晚期遺風。

一九七八年寶鷄太公廟發現一青銅器窖藏，出土秦公鐘五件，秦公鎛三件，銘文中有「烈烈邵文公、靜公、憲公不墜于上」銘辭，由此判定作器者爲武公（公元前六九七年至前六七八年）。鎛的篆部和鐘的舞部均飾有兩頭龍紋，龍體爲一斜線。這種紋飾乃是西周晚期已經流行而此時又加以沿用的紋飾。秦公鐘自鈕向下連接四條鏤空的龍紋棱脊，和鐘體上的龍紋一致，顯得頗爲壯麗。這套鐘、鎛與上述這組墓的銅器紋飾相似，時代應屬春秋早期偏晚。

寶鷄福臨堡一號墓、邊家莊一號墓仍保持傳統的組合形式。前者三鼎配二簋，後者五鼎配四簋。兩墓出方壺二件，盤一件。前一墓出匜一件，後一墓出扁壺一件。邊家莊一號墓鼎的紋飾仍爲獸目交連紋，兩端無龍首與波曲紋，簋、壺等器上有獸目交連紋、鱗紋、溝棱紋等，器物中出現有扁體盉。兩座墓的鼎底部均較平。鼎足有凸起的寬帶紋。這些均爲春秋中期秦國銅器的流行樣式。

春秋晚期有鳳翔八旗屯二十七號墓和寶鷄秦家溝一號墓、二號墓等，前一墓爲三鼎配四簋，加上一壺、一盤、一匜，後一墓爲三鼎配方甗一件，方甗的鬲部不再帶附耳，紋飾盛行秦式變形蟠龍紋。

傳一九二一年甘肅天水出土的秦公簋，現藏中國歷史博物館。諸家對其鑄作年代有不同意見，對該簋銘文中「十有二公」從誰起算，爭論不休。我們同意景公爲作器者，從襄公起算，十二公是從襄公到桓公。即該器作于公元前五七六年至五三七年之間。秦公簋與秦公鐘銘文相同，秦公鐘不知出于何時，自北宋以來，主張作器者爲秦景公的有楊南仲等多人[10]。該簋有蓋，圜形把手，鼓腹，圈足，腹部有獸首雙耳，但獸首已縮爲殘跡，器物更近于實用。

還有一組秦器爲春秋末年至戰國初，主要以鳳翔高莊十號墓和四十九號墓爲代表，分別以三鼎或二鼎與方甗、二方壺與水器相配。這批銅器中高莊十號墓兩件銅鈚爲新出現的器型。

鉌爲中原常見銅器，秦地少見。這時鼎腹變淺，三蹄足直而長，方甗形體更瘦長，鬲襠甚淺，并已普遍無附耳，四足呈半圓管狀。壺的下腹部最大徑上移，體形瘦長，蓋頂寬于器口。

地處秦國中心地區，年代屬春秋和戰國早期的墓葬，隨葬器物常有銅質或陶質禮器，有的還出兵器、車馬器和樂器。至戰國時期的長安客省莊、西安半坡、大荔北寨子、寶鷄李家崖及河南陝縣、鄭州等地所見秦墓，規模均較小，隨葬品數量少，個別的出銅明器、銅劍，通常無銅禮器、兵器和車馬器。同時與東方六國不同，隨葬陶禮器的甚少，即表明不再用禮器隨葬。

有少數戰國墓葬或窖藏銅器値得重視。在鳳翔紙坊高王寺發現一處銅器窖藏，計有春秋晚期鼎三件、戰國早期鑲嵌宴樂壺、敦各二件，蓋豆、盤、匜、提梁盉、甗各一件。其中一鼎，爲吳王孫無土之脰鼎。據附近遺蹟判斷爲戰國秦宮殿「受寢」內的遺物⑪。

一九七四年，三門峽上村嶺發現八座古墓，其中五號墓出土錯金龍耳方鑑、錯金蟠蛇紋方罍、鑲嵌羽狀紋扁壺、跽坐人形燈等。該墓非科學發掘，係群衆所挖，我們只能依據出土器物進行分析。扁壺爲戰國時期秦國常見的盛酒器，該扁壺與上海博物館藏戰國中晚期兩頭獸紋扁壺的器型與紋飾相似。跽坐人形燈和洛陽金村東周墓出土的跽坐俑形象相似，也同秦始皇陵出土的陶武士俑的臉型、髮髻、服飾相似。時代應爲戰國中期晚段。上述方罍與方鑑，據曾侯乙墓出土的尊盤和這次出土情況分析，應爲相配合使用，鑑以盛冰，罍以盛酒，罍在冰鑑內有利于保存與飲用。據《史記·秦本紀》載，秦國在秦孝公元年（公元前三六一年），曾出兵圍陝城，于惠文王十三年（公元前三二五年），又伐取陝。此前，陝縣曾被魏國所佔領，其後歸秦。因此，我們將這幾件銅器作爲秦器看待。當然這些銅器不一定是當地製造的。在陝西、甘肅境內發現的一些戰國銅器，也不乏精品，其確切的鑄造地也難以判定。秦代鑄造青銅兵器有監造制度，其鑄造情況較明確。秦式劍莖部有鏤空或半鏤空的紋飾，格部有紋，特別是景家莊一號墓出土銅柄鐵劍是年代較早的鐵劍之一。戰國時期，秦在商鞅變法以後，重視耕戰，對鑄造兵器更加重視，戰國時期秦國兵器主要爲劍、戟，在構成戟的戈與矛上要刻勒工名，而且戈、矛鋒利异常。可見對鑄造兵器監督甚嚴，質量要求也很高。各地所出土的呂不韋監造的銅戈便是明證。

洛陽在兩周時期歷史地位很重要，西周時在洛陽營建了洛邑成周。把它作爲統治東方的政治和軍事據點。春秋初年，周平王將國都遷到洛陽，洛邑成周發展爲東周王城，洛陽再次成爲全國唯一的政治統治中心。對東周的考古工作主要是找到了洛河以北澗河入洛處的東周王城遺址，幷且發現了數量很多的東周墓葬，如一九五四至一九五五年在配合中州路修建工程的考古發掘中，僅西工段就有二六〇座[12]。其中僅有九座大墓中隨葬器物爲青銅器。有鼎、甗、簋、簠、豆、罍、鈚、盤、匜和兵器、車馬器。結合銅器、陶器的形制與組合，可分爲七期。估計一至三期爲春秋早、中、晚三期，四期爲戰國早期，五、六期爲戰國中期，七期爲戰國晚期。春秋早期與中期銅器組合爲鼎、簋、舟（鈚）、盤；春秋中期組合爲鼎、簋（或簠）、舟（鈚）、罍、盤、匜，春秋晚期組合爲鼎、豆、舟（鈚）、罍、甗；戰國早期爲鼎、甗、豆、舟（鈚）、壺、盤、匜。戰國中、晚期出土銅器甚少，僅爲兵器與車馬器。

此外，由于洛陽歷代古墓被盜嚴重，歷史上被毀的青銅器已無法統計。其中戰國時期重要的發現，要數今洛陽以東金村古墓。一九二八年至一九三〇年間，當時曾發掘八座墓，其中最重要的是東周墓，出土銅器有東周左自壺和韓國的驫羌鐘等[13]。還有一些製作精緻的青銅器。

二　蔡國青銅器

蔡國是西周初年分封的姬姓諸侯國，蔡國從公元前十一世紀末建國，到公元前四五三年滅于楚，歷時五、六百年。蔡國從春秋早期開始，國勢日衰，淪爲霸主國的附庸，迫于形勢，國都一遷再遷。蔡原都于河南上蔡，蔡平侯依附楚國，遷都于河南新蔡，蔡昭侯爲依靠吳國，于公元前四九三年遷都于州來，即今安徽壽縣境。一九五五年，在安徽壽縣發現了蔡昭侯墓[14]。此後不久，在安徽淮南蔡家崗趙家孤堆又發現了蔡聲侯和元侯墓[15]。

蔡國青銅器以這批春秋晚期墓的出土物較爲豐富，時代亦較明確，製作時間大體在蔡昭侯在位的公元前五一八年至公元前四九一年，還有相當數量的銅器製作于其死後不久。銅器組合爲鼎、簠、敦、浴缶、盤、匜，還有簋、豆、鬲、方壺、尊缶、尊盤、鑑等，這和河南淅川下寺二號楚墓與戰國初年的曾侯乙墓的組合相近，其中鼾、鑊鼎、圜底鼎等，均帶有楚文化風格⑯。鼾為束腰平底，兩耳厚大，鼎足粗壯，蓋腹外壁沒有棱脊。蔡昭侯墓還出土一件自稱飤鼾的鑊鼎。還有一種小口鼎，寬肩、圜底、三蹄足，雙耳立于肩部，據戰國楚簡遣策，這鼎應稱湯鼎，可煮開水。這種湯鼎在楚墓中常見。

蔡昭侯墓中保存中原傳統文化的器物爲八件蓮瓣形蓋、長方座銅簋，方座簋是從西周初年直到晚期均有的形制，到春秋中晚期與戰國初年，在諸侯大墓中仍可見到。八簋與九鼎相配合，以顯示其地位的尊貴。上圓下方的造型，陳設于庭上也有對應互補的效果。

該墓出土方壺二件，蓮瓣蓋，底座四角有四獸承托，二龍耳。方壺乃是西周時期從中原地區發展起來的⑰。春秋時期楚國、鄭國、蔡國等加以繼承、創新。頸部變細，下腹部外鼓。受楚文化影響，加上龍形耳與獸形足裝飾後，該方壺便格外生動與華麗了。

蔡昭侯墓出土銅鐘有兩種，甬鐘十二件，編鎛八件，編鐘九件，鉦一件，錞于一件。其中甬鐘，據銘文爲吳王光嫁女于蔡的媵器（陪嫁器）。鈕鐘八件，形制相同，大小相次，爲蔡昭侯申自作「行鐘」；鎛鐘八件形制相同，大小相次，是蔡侯申自作「謌（歌）鐘」。鎛鈕爲四龍組成的蟠龍紋，正鼓部有六條龍，左右各三條。爲楚系編鐘此時期的特點之一。

蔡侯方鑑內放置有方尊缶，而圓尊缶放置在吳國媵器圓鑑內，鑑則可以冬盛熱水，夏置冰塊。此外蔡侯申還鑄有盤尊三套，其中有九十二字銘文。尊頸部較長，腹部較扁。此時蔡國的尊形與吳越地區的器型相似，僅紋飾相异。

蔡國雖然遷居到被南淮夷和群舒所包圍的地方，但仍保持着中原文化傳統，大孟姬盤銘説「肇佐天子」，即遵奉周天子爲宗主。尊銘又申明其姊要「類文王母」，即遵守祖先風範。蔡爲姬姓國，用周王朝正朔，墓中採用鼎、簋相配的傳統周禮制度。蔡國與楚國和吳國頻繁交往，既要「左右楚王」，又要「敬配吳王」，從中可以看出夾于吳、楚兩大國之間的困難處境。

三　黃國、樊國、番國青銅器

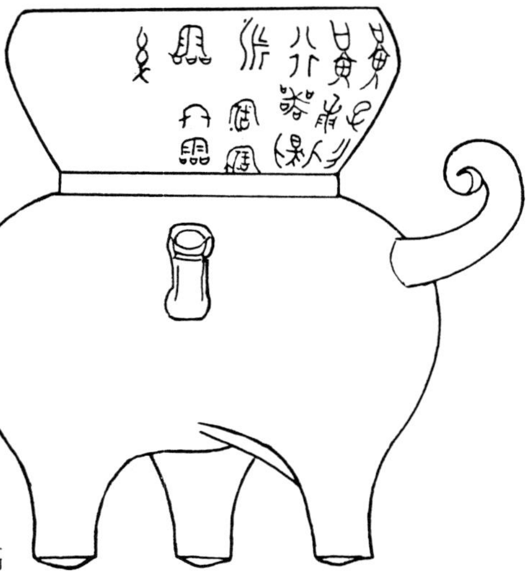

黃夫人鬲

黃國位于今河南東南部淮河上游的潢川一帶，爲殷周時期重要的嬴姓封國。春秋時領地甚小，黃國曾一度依附于齊國而抗楚，公元前六七六年，楚勢強大後，出兵伐黃，公元前六四八年楚國滅黃。黃國青銅器傳世和近年出土者甚多。一九八三年夏，河南信陽地區文物管理委員會在光山寶相寺清理了黃君孟夫婦墓[18]。黃君爲夫人作銅器，一律自銘爲黃子，因周封黃爲子爵，子乃爵稱。黃君自作器，一律自銘爲黃君。該墓爲春秋早期與中期之際，即公元前六七〇年左右。

該墓爲長方形土坑豎穴墓，承襲中原文化葬俗，黃君與黃夫人爲并穴合葬。黃夫人隨葬品的組合較全，器物種類和數量均豐富。銅器有鼎、豆、壺、鑐、鬲、盤、匜、盉、罐、方座等三十六件。鼎爲圓腹圜底，口沿下外面有一周銘文：「黃子作黃甫（夫）人孟姬器，則永寶霝（靈）□（終）」。鼎直耳微向外張，鼎腹上部較直，三蹄足較圓，實心。壺爲粗頸，斜肩，垂腹，圓拱蓋，矮圈足，獸形耳，肩飾蟠蛇紋。豆四件，斜口寬沿，束頸，折肩，腹下收成平底，下有鏤空三角形的喇叭口形高圈足。這種豆，造型比例勻稱而富于變化，雖爲素面却頗有韻味。黃夫人墓出土的兩件盉，一作鬲形，一作甗形，前者爲平蓋，後者也有平蓋，二盉均有管狀短流和曲捲的角狀鋬。

傳世品還有春秋早期的黃仲匜[19]和黃仲鬲[20]。一九七七年冬，山東沂水劉家店子春秋莒公墓出有二件銅簋，爲黃太子伯克所作。銘文用周的正朔。

黃國銅器發現較多的還有傒（郹）氏銅器。清宮舊藏單鼎，銘曰：「唯黃孫子傒君叔單自作鼎，其萬年無疆，子孫永寶用[21]。」郭沫若謂黃孫子「殆謂黃君之孫子，即黃國公族。傒爲作器者之氏」。相傳此鼎出土于潢川，形制、紋飾與黃季鼎相似，爲春秋初年所鑄。

一九七二年，河南羅山高店出土了一批青銅器。有壺、盤、匜各一[22]。盤、匜均有銘文，爲奚君單作器，與叔單顯係一人。一九七九年十月，羅山高店一座土坑墓又出土一批黃國奚君的青銅器[23]。鼎腹圓而淺，圜底近平，平蓋，附耳外張，器、蓋對銘，爲奚子宿車作行鼎。壺形體較矮，腹部最寬處上移，肩部兩貫耳。壺與盆銘爲奚子宿車，盤與匜銘爲奚季宿車，實即一人。此墓時代爲春秋中期前段。參照一九七九年信陽吴店春秋早期番國墓的傒仲𡜷子銅削，表明傒氏爲黄國公族，既稱傒君，又稱傒子，傒氏又有仲、季之分。宿車較單時代晚，應爲單的後人。一九七五年，河南潢川老李店磨盤山一土坑墓内發現銅盆、鑩、盉㉔。盆銘爲奚子諆，鑩肩上有銘：「黄孫須騂子伯亞臣自作鑩。」推知黄國傒君封邑約在今潢川、羅山、信陽一帶，其勢力不小，幾乎可與其大宗黄君分庭抗禮㉕。

黄國青銅器，從黄君夫婦墓的器物組合爲鼎、豆、壺、鑩、盤、匜看，與虢國墓地的器物組合相接近，只是有鑩而無簠。絶大部分器物形制與紋飾和中原地區及曾國墓中器物相近似。其土坑竪穴墓内用木槨葬具，均同于中原文化，而且中原文化還通過黄國與姬姓列國通婚的方式，直接影響到黄國。黄墓出土的鼎，從形制到配套組合也爲周式，但是其雙鼎同出，又在東夷、淮夷墓中常見，黄夫人墓隨葬的兩件曲鋬盉常出土于安徽、江淮地區西部的群舒故地。這種淮夷式的盉多呈甗形、束腰，很有地方特色。説明黄國文化中所蘊涵的文化因素是多元的㉖。

樊國，爲一嬴姓的諸侯小國。關于其歷史，文獻記載甚少。一九七八年，河南省博物館在信陽平橋南山嘴清理了兩座東周墓，爲樊君夫婦墓。南邊一號墓爲樊君夫人墓，出土銅器有鼎、壺、盆、鬲、盤、匜各一件。鬲、盤、匜上均鑄有樊夫人龍嬴自作該器的銘文。僅盆銘記載爲樊君夒所作。該墓還出土少量玉器。北邊二號墓隨葬品均爲銅器，有鼎、簠、壺各二件，盤、匜各一件，還有一些銅工具，但器物上均無銘文，推測其爲樊君夒墓㉗。

樊君夫婦墓時代爲春秋早期晚段，其規模與隨葬品和黄君孟夫婦墓相似，但有時用陶器代替銅器，財力與等級偏低。

在此樊君夫婦墓東北不遠處，一九八七年又發現一土坑竪穴墓，編爲三號墓，隨葬銅器有鼎、壺、鉚各一件，鼎、壺形制同于樊君夫婦墓，壺的最大徑上移，時代稍晚。鉚出現時代晚，該墓應爲春秋中期前段。其器物也有江淮地區的文化特色。

番國銅器近年出土較多。番爲周代古國，番生簋（蓋）與番匊生壺均收録于《兩周金文辭大系》一書中。傳世品還有番仲吴生鼎、番君酌伯鬲（銘文稱鼎）。

一九七四年，河南信陽長臺關甘岸的一座春秋時期墓出土了一組青銅器，有盤一件、匜二件，盤、匜形制與紋飾和三門峽上村嶺虢國墓地所出的Ⅲ式盤與Ⅰ式匜類似。具有中原文化特徵，時代爲春秋早期前段。匜銘有番伯酓（飲），乃番國國君，伯爲其爵稱㉘。

一九七九年三月，信陽吳店楊河一座春秋時期豎穴土坑墓中出土一批銅器，鼎二件、盤和匜各一件，這四件銅器銘文均爲「番哀伯者君」作器㉙。番爲國名，哀伯爲其稱號，者君是其名或字。

番哀伯諸器中鼎爲中原傳統的形制，與三門峽上村嶺虢太子墓及隨棗走廊曾國銅器風格一致。盤、匜也爲春秋早期形制。除番伯外，還有番仲、番叔等番國公族銅器，并且成組出現。信陽楊河出土鼎、盤、匜與河南桐柏出土盤、匜上的「昶伯庸」、「番昶伯者尹（君）」，也爲番國公族的一支。傳世有五件番君召簠，它與一九七八年河南潢川彭店春秋墓出土盤銘中的番君伯龡前後相繼㉚，而且番君召組器組合已從鼎、簋演變爲鼎、簠，組合已與中原地區有所區別。這時銘文字體向秀麗發展，趨向南系文字的某些特點。番國在春秋早期居今信陽附近，春秋中晚期遷至今固始、潢川、光山、商城等地。番國逐漸被納入楚國勢力範圍，也接受了楚文化的一定影響。固始侯古堆大墓出土九件一組的編鐘，原有人名被鏟掉而補刻的「鄱子成周」，證明此番國國君曾在此一帶。《史記·楚世家》記載：「吳復伐楚，取番」。吳退走後，該地又并入楚國。

四　陳國、許國、宋國青銅器

陳爲帝舜有虞氏之後的媯姓古國，周初胡公滿被封于陳，故城在今河南淮陽。有關陳國的文獻記載雖簡略，西周中晚期至春秋中期前段的銅器却不少。本册僅介紹東周時期青銅器。七十年代河南商水楊莊出土一組青銅器，簠銘：「唯正月初吉丁亥，原氏仲作淪媯嫁母媵簠，用祈眉壽無疆永用之㉛。」簠作直口，折沿，腹壁內收，小平底，身飾乳釘蟠龍紋，有的龍口已吐舌。方座銅簋，作器者爲「喪史□」，喪史爲陳國官名㉜。原仲見于《左傳》（莊公二十七年），爲陳國大夫，此人死于公元前六六七年。該青銅器可依此定爲標準器，其吐舌蟠龍紋已經出現，尤應加以重視。

陳伯元匜、陳侯作孟姜簠、陳侯作王仲嬀簠、陳子匜，說明陳國政治、經濟較穩定，通過婚姻關係加強與王室聯繫，廣結諸侯以鞏固其地位。陳公子子甗、陳侯壺、陳公子中慶簠、陳公孫寣父瓶四器中前二器爲傳世品，後二器分別出土于湖北隨州和山西聞喜東周墓葬。估計陳國對外交往頻繁。春秋中期以後陳國曾幾經興亡，國勢日弱，銅器也少見。公元前四七八年爲楚所滅，其銅器也可能因此流失。

許國乃炎帝、四岳之後的姜姓古國，許在金文中作鄦，始封于周初武王時，故城在今河南許昌東十五公里。許國雖不斷遷徙，却一直延續到戰國時期。許國銅器在西周初年即有存世，直到戰國，均有發現。傳世有兩件許子盄師鐘，形制、紋飾與宋公戌鐘相似，約爲春秋晚期。許子妝簠是爲孟姜、秦嬴嫁往他國所作媵器，孟姜爲許女，秦嬴爲秦女，有學者認爲秦女外嫁，許女爲媵，許子（即許國國君）一道爲她們作陪嫁。武漢市文物商店收集的許公買簠，有學者考證即文獻所載許悼公買㉝。許悼公是繼靈公後的一位許君，許靈公死于魯襄公二十六年，則此許公買簠應作于公元前五四六年至公元前五二三年之間。該簠直口，腹壁直而寬，通體飾蟠蛇紋，字體修長秀美。許器本來與中原文化一致，只是春秋中期以後至戰國初年的器物與銘文均呈現出楚文化的影響。這是由于許國長期依附于楚國的關係。

宋國爲子姓公爵，周初將微子啓封于商丘。宋故城在中美考古隊發現的商丘老南關以西到距閼伯臺不遠的鄭莊一帶㉞。

宋國銅器中以宋景公所鑄器發現最多。《史記·宋微子世家》記景公頭曼，《索隱》音萬。梁玉繩曰：「案人表作兜欒。」金文中所見爲宋公䜌。有宋公䜌鼎。宋公䜌戈，乃傳世品，還有河南固始出土的宋公䜌簠。簠有銘文二十字：「有殷天乙唐孫宋公䜌作其妹勾敔夫人季子媵簠。」說明商祖成湯乃宋景公先祖。上海博物館還收藏有趙亥鼎，銘謂他是宋莊公之孫。還有宋公戌鐘，宋代《宣和博古圖》著錄。宋國兵器有宋公佐戈三件，宋公得戈一件。以上諸器均爲春秋中晚期，特別是固始侯古堆墓所出青銅器，對研究淮河流域與信陽固始一帶的青銅器均有較高價值。宋公䜌簠對研究宋國與吳國歷史也頗難得。

五　東周時期青銅鑄造工藝的復興

西周晚期，經兩周之際，至春秋早期，青銅鑄造工藝仍保持原有水平，銅器鑄造作坊在增加，銅器數量增加而質量并未提高。從春秋中期開始，青銅鑄造工藝也隨着各國經濟的發展，相應得以復興。

虢國墓銅器從三門峽上村嶺出土品觀察，製作較粗糙，紋飾不精細。隨葬銅器中專門用以隨葬的明器佔一定比例。這些明器是爲了應付葬禮而臨時鑄造的，僅保存禮器的形制，用少量的青銅鑄成，內範也不全取出，談不上實用功能。鼎與鬲的外範，用三塊壁範，一塊底範，器底呈三角形。各種器類陶範均爲一次性鑄造，只有壺的套環雙耳和匜上尾部的鋬係分鑄後，再鑄焊在一起。焊接技術在西周晚期已出現，這就使複雜器物的成形更爲方便。這種分鑄焊接工藝在春秋中期以後被普遍採用㉟。

春秋中期鑄造工藝可以新鄭出土的鄭伯大墓及近年發現的鄭國銅器爲研究對象。這時已採用二次鑄造法，分別按規格大小鑄造器物部件，如鼎的三足與耳要先預製，嵌在外範中，裝配在主體陶範上，然後與鼎澆鑄在一起。有時內範不再取出，既省銅又省事。這種工藝影及周邊地區，遂得以推廣。

春秋中晚期在銅器紋飾製作上也有改進，其方法是先製作紋飾母範，紋飾刻得很精細，再從母範上翻印出紋樣，待未乾時，裁拼成整組圖案，敷貼在外範表層。這種模印拼合製作紋樣的方法，既可提高功效，又能保持花紋的一致。當然，由于印模使用次數過多，紋樣雖精却少變化。

壽縣蔡侯墓銅器可以代表春秋晚期的青銅工藝水平，除了繼承前期工藝外，蔡器的一個特點，是使用嵌鑄紅銅技術，利用青銅與紅銅的色彩對比，使器物顯得富麗堂皇。在蔡侯方鑑、尊缶、方尊缶、盥缶和銅敦上，通體嵌鑄紅銅紋飾，紋飾爲向前跳躍狀的龍紋與幾何紋。爲了防止紅銅片脱落，在澆鑄銅器前，預先鑄出紋樣溝槽，另外鑄出相應紋樣的紅銅薄片，并在其內面鑄一凸榫，然後將薄片裝配在陶範中，經澆鑄後，再經表面磨光即成。

錯金銀工藝在春秋晚期已經出現，至戰國中期更爲流行，秦漢時期仍有延續。在形體較大、腹壁較厚的青銅器外表，刻鏤出紋飾或銘文，然後用金銀薄片或金銀絲，錘打在刻槽內，或者再晚些時候用鎏金的辦法，使器表呈現出金銀紋飾，經表面磨平而成。其圖形往往是幾何變形圖案，通常布滿全器，構圖虛實相配，富有動感，如同漆器上彩繪的雲紋一樣，絢麗多彩，使金屬表面裝飾工藝發展爲一種嶄新的藝術。三門峽上村嶺戰國時期的錯金龍耳方鑑、錯金蟠蛇紋方罍，陝西興平豆馬村錯金銀犀尊，洛陽金村錯金龍紋銅鏡，洛陽戰國中期東周貴族田獵車上錯金軸頭、錯銀承弓器等均爲其工藝的代表作。還可以舉出三件使用這種工藝的銅鼎，一九八一年洛陽小屯出土的錯金銀鼎㊱，蓋鼎相合呈扁球狀，下有三矮蹄足，鼎口有流、有附耳，蓋與器飾有錯金銀四葉紋，鼎足有錯金銀三角雲紋；一九六六年陝西咸陽出土的錯金雲紋鼎，通體布滿雲紋，蓋上三環鈕，三蹄足，中間較細；一九七四年甘肅平涼廟莊出土的銅鼎，體呈扁球狀，器上三獸鈕，器腹雙啣環，下有短足，頗似平襠鬲。該鼎以龍紋和六瓣花紋爲裝飾，其金銀鑲嵌物已脱落。洛陽西工區六號墓爲戰國墓，所出銅鼎與此相似。

綠松石是古代常見的裝飾物，在銅器上鑲嵌綠松石片從二里頭文化便已開始，商、周仍有延續，戰國前期又一度流行。嵌槽也是事先預鑄的，有時與金銀錯工藝同時使用，通常用漆液粘附上去，再加磨錯，往往容易脱落。三門峽上村嶺錯金龍耳方鑑，便同時鑲嵌綠松石。除嵌石外，還有一種錯漆銅器。戰國時期的銅器，在嵌槽內有時不鑲嵌金銀而填黑漆，有的既嵌金銀，又在未嵌金銀處填漆，然後加以磨錯，其色澤更加豐富。

刻鏤工藝，古代也叫鏤金，其工藝是先在母範上預刻凹槽，鑄成後還需再鏨槽。只有在鐵工具和原始鋼出現後，刻鏤銅器才會相應出現。刻鏤銅器的特點是器壁很薄，甚至厚不足一毫米，多爲經過熱加工後錘打而成的大敞口器，如鉌、匜、鑑、盤等水器。盛水後其花紋仍清晰可見，格外生動。早期的鏨鑿是以錘擊刀柄，刻線爲斷續的三角形鑿痕構成。後來由于鏨刻刀具的硬度加強，可以直接在銅器上刻出細如毫髮的陰線，能夠使線條細緻而流暢。現已發現的刻鏤青銅器中，以江蘇地區出土的吳國銅器較多，中原地區較少，但均不乏精品。陝西鳳翔高王寺戰國早期的青銅匜，構圖繁縟，題材爲社會生活情景的眞實寫照㊲。河南陝縣後川出土的盤、匜上㊳，紋樣有人物、建築、日用器皿、花草樹木、珍禽异獸等，既有現實生活中的貴族與平民，又有神話人物，對漢代繪畫藝術産生深遠影響。上海博物館藏刻紋宴樂畫像杯，橢圓形，腹部下收成平底，有一對獸首啣環耳。全器內外壁鏨刻出複雜的圖案，內壁畫像以兩座建築物爲中心，人物或宴飲，或擊鼓鳴鐘，或舞蹈，或弋射，豐富生動，栩栩如生。內底刻有交龍紋。外壁畫像亦鏨刻建築、宴樂、禽獸與車馬等內容。此時期的畫像內容已無春秋晚期到戰國早期祭祀殿堂的那種神秘感，而是生動地描繪戰國貴族的生活場面。貴族宴樂與禮儀的內容是近于寫實的。當然這種寫實畫面仍然脱離不開圖案化的束縛。戰國晚期，雖然這種畫像逐漸衰落，但它對漢畫像石藝術的産生，確實有非常重要的影響。

六　青銅器紋飾與銘文書體的藝術風格

五十年代出土的上村嶺虢國墓群的銅器紋飾，郭寶鈞先生曾經進行過統計，他指出：「禮器一百八十一件中，雖見有不同的紋飾二十二種，而普遍使用的只有竊曲紋、鱗紋、重環紋、獸帶紋、斜角雲紋、環帶紋等六種，獸頭飾一種㊴。」可見兩周之際，變形獸體紋（即竊曲紋）、鱗紋、疊瓣鱗帶紋（即重環紋），是主要的紋飾，這些紋飾在西周中晚期便流行，在中原地區一直延續使用到春秋早期。這些紋飾均雕刻在陶製母範上，爲單層，大多粗疏，顯示莊重平實的禮器的風格。

春秋中期，紋飾已發生變化，以新鄭鄭伯大墓爲例，銅器一方面依然保存有變形獸體紋、獸面紋、疊瓣鱗帶紋、斜角雲紋、横條紋，體現着與周文化的傳統是一脈相承的，另一方面，此時蟠龍紋增多，紋樣主題圍繞龍和龍的族類進行不同的構形與設計。引人注目的蓮鶴方壺在腹部裝飾有半浮雕式的、邊線雙勾、中央呈內凹的交龍紋，與壺腹下部寫實的水鳥紋交相襯托，頗爲生動。在蟠蛇紋蓮瓣之中，一立鶴正展翅欲飛，而二龍在壺腹兩旁向上爬動，圈足下二伏獸在承托着壺身，烘托出該壺的貴重。靜中有動，動中有靜，半浮雕與圓雕同時并用。鄭國藝術風格已開始擺脱神秘、寧靜、威嚴的風格，而邁向清新自然、寫實生動的風格。這與鄭國爲西周晚期新興的國家，地處中原的商業、交通發達之區不無關係，無怪乎鄭風與鄭聲能衝破傳統，開創一代新風。新鄭銅器造型與紋飾也同樣代表着時代的精神。壺蓋與器座上蟠蛇紋的細密而繁縟、精緻的風格，一直延續到春秋晚期。

春秋晚期紋飾可以安徽壽縣蔡侯墓爲例。鼾鼎頸腹紋飾帶均爲蟠龍紋，龍首不吐舌。頸帶仍窄于腹帶，仍保持傳統風格。蔡器紋飾細密，係印製而成。而且不少蔡器上鑲嵌紅銅。蔡侯墓出二方壺，除蓋作蓮瓣外，均與河南淅川下寺一號墓的方壺相同，蔡器此時已受到楚文化的強烈影響。

黄國青銅器有相當部分爲素面，或素面有部分紋飾。黄君夫婦墓與樊君夫婦墓出土的青銅器，其蟠蛇紋爲同一系統，呈現出地方特色。黄君銅器除鐳外，均較大而粗糙，而黄夫人銅器較小，紋飾較細緻，如黄夫人鐳，肩上有二周較細緻的蟠蛇紋，腹下部還有一周同樣的紋飾，平蓋上也有一周紋飾。黄君孟鐳，肩上也有二周蟠蛇紋，蛇頭上有一種蟲形角，還有一種無角。

秦人就青銅器紋飾而言，與關東諸國是有區別的。如陝西寶鷄太公廟發現的秦公鐘、秦公鎛便有自己獨特的創意。五件銅鐘形制一致，大小有別，紋飾相同。甬上飾五條小龍，幹帶上有四組變形雷紋，中間似圓目，兩側似人耳形。旋飾疊瓣鱗紋，舞部飾兩頭龍紋，鐘的篆間飾以雙身龍紋，甲、乙兩鐘的鼓部飾兩隻鳳鳥，相向而立，丙、丁、戊三鐘的鼓部，除兩鳳鳥外，右側還有一鳥。

三件鎛的形制也基本一致，而大小有別，花紋也一致。鉦至舞部有透雕蟠龍紋棱脊，延伸向上成鎛鈕。鎛身上下各有一條由三角蟬紋、雙頭龍紋和菱形紋組成的紋飾帶，紋飾帶中間紋飾分爲四個區段，每一區段有六條飛龍勾連，龍身爲實體，身外鏤空爲虛，布局虛實相配，疏密得體。舞部紋飾分四區段，每一區段兩龍相繞，旁有一鳳鳥[40]。秦公鎛造型雄偉，紋飾奇麗，可與關東諸器相媲美。

秦公簋銘文

蔡侯產劍銘文

秦國銅器紋飾繼承西周銅器傳統的變形獸體紋、疊瓣式鱗紋，還有一種秦國獨有的三角蟬紋。在鳳翔八旗屯九號墓的銅甗的甑腹上有上下二周平行寬帶，上飾繁複的雙頭變形獸形紋，下配以較細緻的波曲紋。這種紋飾後來頗爲流行。秦式勾連蟠蛇紋，出現較早，一九一九年出土于甘肅天水的秦公簋上，已有發現，但呈帶狀。到春秋戰國之際，如秦家溝一號墓、二號墓出土的銅器上，這種紋飾便比例大增。連車馬器、銅建築構件上也以此爲圖案。一九七四年鳳翔姚家崗宮殿區出土的六十四件大型建築構件，全用這種勾連蟠蛇紋。秦國宮殿的金釭——銅建築構件用此紋飾爲裝飾，可見該紋飾爲秦統治者所喜愛，并且是當時流行的紋飾。

銘文書體也與銅器紋飾一樣，能體現出時代風尚與藝術水平。從中國文字發展史與書法藝術演變而言，秦系文字是繼承了西周傳統，又在此基礎上向前發展，秦國文字本身也有規整與草率兩種風格，文字演變中，簡化趨勢強。秦統一全國後要統一文字，便以秦國的小篆爲樣板，同時以隸書加以輔助，形成中國文字規範化的主線。秦文字體現在銅器、石刻、簡牘、陶器上，自北宋時秦公鎛見于著錄後，學者們便倍加重視。建國以來新發現的秦公鐘、秦公鎛、秦公簋、秦公壺是研究秦國春秋時期銘文書體的寶貴資料。這些書體總的來說仍保存西周晚期銘文的風格。特別是繼承了宣王時期虢季子白盤那種書法剛勁、筆勢勻稱的書體，秦文字便是由此發展而來。秦公簋與虢季子白盤的書體相似，早已引人注目，秦公鐘又在秦公簋的基礎上變得更爲方正瘦勁，秀美可觀。近年王輝編著《秦銅器銘文編年集釋》收錄一百七十四器，其

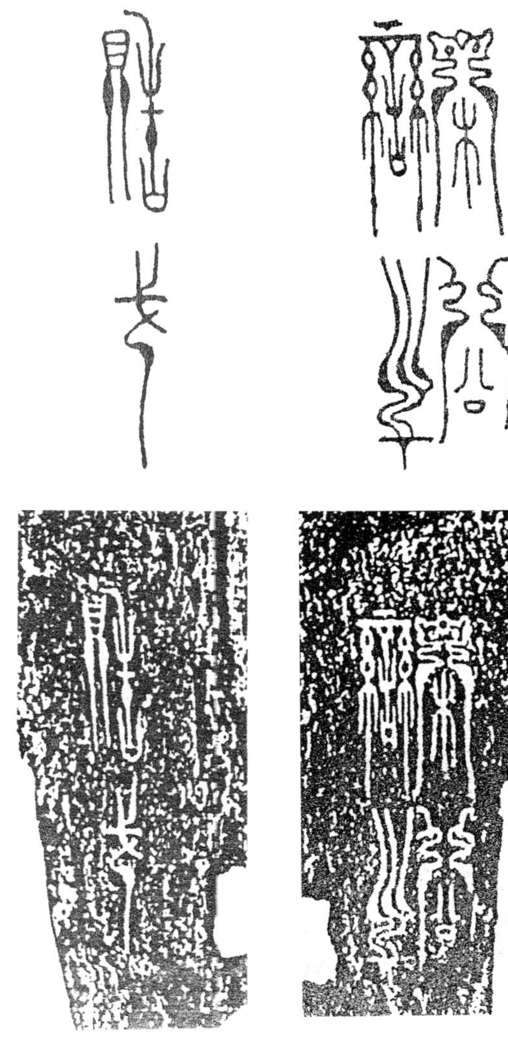

宋公䜌之造戈銘文

中禮樂器比例較小，多爲兵器與度量衡器，而且不少是刻款，對書體研究有一定參考價值。總之，秦文字相對而言較爲穩定，顯得保守，却保存了中國文字固有的體勢，對于研究中國文字演變與書法藝術的發展提供了實物資料。正如秦石鼓文被書法家珍視一樣，秦國銅器銘文也同樣值得深入研究。

與秦系文字并列的還有南方楚系文字，在標準字體之外，還有美術字。蔡國、宋國文字字體瘦長，筆劃詰曲，秀美典雅，爲求美觀加上飾筆，如在字體上加橫劃，或在豎筆中加圓點，在此基礎上又發展爲鳥蟲書。蔡國受楚國影響，宋國受吳國影響。鳥蟲書是春秋中期以後，特別是春秋晚期開始流行的一種美術書體，裝飾筆劃大部分爲鳥形，偶爾採用蟲形及其他形符，特點是筆勢屈曲，造型規整勻稱，變化多姿。容庚、馬國權、張光裕、曹錦炎諸學者曾先後進行過專題研究㊶。蔡侯產劍銘鳥形多在字左側，蔡侯產戈、劍，蔡公子從戈，鳥形較象形，蔡公子果戈、蔡公子加戈、蔡公子頒戈鳥形較簡化，多運用字的體勢變化，線條屈曲進行美化。宋公得戈與宋公䜌戈，在宋字兩側各加一鳥，并運用肥筆使其華美，有的字跡錯金，更加珍貴。鳥蟲書流行于楚、吳、徐、越等南方諸國，誠如郭沫若所説：「南文尚華藻，字多秀麗[42]。」此外，蔡器銘文字體還有一個特點，即唐蘭先生所説，蔡侯墓三篇完整的銘刻，所用文字趨向于繁複，和《史籀篇》接近，這表明蔡國銘文是文字發展史裏很好的資料[43]。總之，蔡國這類較長而俊美、或繁複或美化的字體，對後代中國文字的發展，對書法、篆刻藝術的提高，影響深遠。

七　餘論

虢國與鄭國，均爲周王室同姓宗親，先後東遷，常爲王朝重要的內服王臣，如東周初年，虢、鄭爲王的左、右卿士，封地始終在周（洛陽）附近，虢在西，鄭在東，夾輔王室，因此在兩周之際及東周初年，他們共同的特點是遵循周禮，保持周文化的傳統特色，周代的司工負責青銅器製造，司工歸卿事（士）寮所管轄，虢、鄭的青銅器便應爲司工所造。虢國墓地所出土青銅器，雖然不很精緻，明器佔一定比例，但仍保存方彝、爵、盉等其他地區已經消失的傳統禮器，以標榜虢公作爲元老舊臣的威儀，也反映出他們貪而驕的個性。鄭國不同于虢國，是西周末年受封立國成爲畿內諸侯的，一直在周王都附近，必然在青銅禮器上保持着周文化的傳統禮制。鄭器保持舊制較多，特别是圓壺與方壺，如後端灣方壺與窖藏坑方壺竟與西周頌壺大體相似，僅頸部更細。新鄭唐戶九號墓出土的圓壺仍用西周早期的貫耳形制。當然，東遷前虢、鄶青銅器的地方特點也會保持一段時間，郟縣太僕鄉所出銅器仍用族氏文字與銅盤內仍用商盤常見的盤龍紋飾，均可以看出商文化的一些遺風。鄭國由于地處中原，交通便利，工商業向稱發達，鄭國商人足跡遍天下，鄭國青銅工具——刀，與宋國的斤、魯國的削、吳粵一帶的劍，都是優質產品。不是這些地方生產的，就不會精良，這是地氣使然[44]。《考工記》所講的地氣，應理解爲這裏有商代以來傳統的青銅工藝傳承。在紋飾上，春秋中期以後，一改古樸、莊重的形式而變得華麗，神秘氣氛減少，寫實風格增強，滿器裝飾增多。并且與楚文化日益接近，相互影響，以至于開始吸收楚器龍耳與獸足壺的形制。在器類上盞、缶等楚國流行的器類，也在鄭國銅器中出現。鄭國成組編鐘與編鎛的新發現，一定會有助于東周音樂特別是所謂「鄭聲」的研究。鄭國與蔡國、宋國在春秋大國爭霸的形勢下，處于夾縫中的小國地位，是被爭奪的小國，自然接受與融合了南北方與東西方的文化，并且由于這些文化的交流，促進了華夏族的進一步發展。

黄國代表處于中原文化南緣、淮河流域的諸國，有一定的典型性。黄國以周王朝的禮制爲典型，遵周正朔，棺槨葬制與中原諸國相近，實行嫡長子繼承制、宗法制，有周文化的影響，長期與姫姓列國通婚。黄君夫婦墓的器物組合爲鼎、豆、壺、鑐、盤、匜，與虢國墓地的器物組合相似，僅無簋而有鑐。絶大部分器物與中原地區的器物，在形制與紋飾上相似。可見黄國文化有濃厚的周文化因素，但黄國文化又是多元的，其地域文化特點也很明顯，不僅墓上封土似江南地區的土墩墓制，而且將此種墓上起墳的葬俗，通過其中介，後來對北方產生了影響。墓內填青膏泥密封，棺側設邊箱等習俗，本來在楚墓中習見，却在黄墓中有所發現。黄國墓葬器物組合有中原的鼎、豆、壺、盤，却不見簋與盉。其鬲或甗有角狀鋬，也與群舒所見的器物相似。黄器銘文用語，基本與周相同，但又有其特點。可見中原文化在春秋時期反映在不同的地域與國別中，其地方特點是突出的。到後來，隨着楚國不斷地向北擴張領土，其主要進攻矛頭指向中原，楚國先後吞滅了不少中原國家，當地的原有文化序列中斷，青銅文化改爲楚國的南方序列。楚文化的不斷北漸，使中原文化在戰國時期縮小了範圍。

青銅鑄造業是隨着當時社會生產力，特別是科技發展水平而發展的，像西周時期早已存在的黄國，只有到了春秋時期，小國國君及其封君才能擁有自己豪華精美的青銅器。然而隨着鐵器時代的到來，青銅器逐步被鐵器、漆器所代替，其神聖的禮器價值失落，實用的用具與觀賞的弄器，便分別向不同的使用者供應。青銅兵器、工具等數量增加，質量提高，更便于耕戰。壺、鑑、燈、鏡等數量雖然不多，但商品價值提高，刻意求工，成爲戰國時期中原貴族顯示富貴尊榮的擺設。銘文也減少甚至僅物勒工名，作爲形而上的青銅器便失去其神聖的光環，歷史價值減弱，藝術價值或實用價值都大大增強。

附注

①《上村嶺虢國墓地》，科學出版社，一九五九年。

②《虢國墓地再次出土大量珍貴文物》，《中國文物報》一九九一年一月六日。《三門峽上村嶺虢國墓地M二〇〇一發掘簡報》，《華夏考古》一九九二年三期。《虢國墓地發掘又獲重大發現》，《中國文物報》一九九二年二月二日。

③李豐：《虢國墓地銅器群的分期及其相關問題》，《考古》一九八八年十一期。郭寶鈞：《商周銅器群綜合研究》，文物出版社，一九八一年。

④孫海波：《新鄭彝器》，一九三七年。高明：《中原地區東周時代青銅禮器》，《考古與文物》，一九八一年二、三、四期。朱鳳瀚：《古代中國青銅器》，南開大學出版社，一九九五年。高、朱二先生均定李家樓大墓爲春秋中期偏晚，是可信的。

⑤劉彬徽：《楚系青銅器研究》，湖北教育出版社，一九九五年。

⑥《新鄭鄭韓故城金城路考古重大成果》，《中國文物報》一九九四年一月二日。《鄭韓故城考古又獲重大成果》，《中國文物報》一九九七年二月二十三日。

⑦李朝遠：《從新出青銅鐘再議「堵」與「肆」》，《中國文物報》一九九六年四月十四日。該文認爲晉國以八鐘爲一堵有一定道理，但鄭國從新發現窖藏樂器看，與其有別。

⑧李學勤、艾蘭：《最新出現的秦公壺》，《中國文物報》一九九四年十月三十日。韓偉：《論甘肅禮縣出土的秦金箔飾片》，《文物》一九九五年六期。李朝遠：《上海博物館新獲秦公器研究》，《上海博物館集刊》第七期。

⑨陳平：《試論關中秦墓青銅器的分期問題》，《考古與文物》一九八四年三、四期。朱鳳瀚：《古代中國青銅器》，南開大學出版社，一九九五年。

⑩張政烺：《「十又二公」及其相關問題》，《國學今論》，遼寧教育出版社，一九九一年。

⑪韓偉、曹明檀：《陝西鳳翔高王寺戰國銅器窖藏》，《文物》一九八一年一期。

⑫中國科學院考古研究所：《洛陽中州路》（西工段），科學出版社，一九五九年。

⑬（加拿大）懷履光：《洛陽故城古墓考》，（日本）梅原末治：《洛陽金村古墓聚英》。

⑭安徽省文物管理委員會、安徽省博物館：《壽縣蔡侯墓出土遺物》，科學出版社，一九五六年。

⑮安徽省文物工作隊：《安徽淮南市蔡家崗趙家孤堆戰國墓》，《考古》一九六三年四期。二號墓是蔡侯產墓。一號墓爲蔡元侯墓，後者見馬道闊：《談蔡侯墓》，《文物研究》一九八八年三期。

⑯同⑤。

⑰高崇文：《兩周時期銅壺的形態學研究》，《考古類型學的理論與實踐》，文物出版社，一九八九年。

⑱河南信陽地區文管會等：《春秋早期黃君孟夫婦墓發掘報告》，《考古》一九八四年四期。

⑲《三代吉金文存》十七、二十九、四。

⑳《周金文存》二、二十九，一九一六年石印本。

㉑《兩周金文辭大系》圖三十二。錄一百八十七，考一百七十二。

㉒信陽地區文管會：《河南羅山縣發現春秋早期銅器》，《文物》一九八〇年一期。

㉓信陽地區文管會：《羅山縣高店公社又發現一批春秋時期青銅器》，《中原文物》一九八一年四期。

㉔信陽地區文管會：《河南潢川縣發現黃國和蔡國銅器》，《文物》一九八〇年一期。

㉕徐少華：《周代南土歷史地理與文化》，武漢大學出版社，一九九四年。

㉖王迅：《東夷與淮夷文化研究》，北京大學出版社，一九九四年。

㉗河南省博物館等：《河南信陽市平橋春秋墓發掘簡報》，《文物》一九八一年一期。

㉘信陽地區文管會：《河南信陽發現兩批春秋銅器》，《文物》一九八〇年一期。

㉙同㉘。

㉚鄭杰祥等：《河南潢川發現一批青銅器》，《文物》一九七九年九期。

㉛河南周口市博物館：《周口市博物館藏有銘青銅器》，《考古》一九八八年八期。《河南商水縣出土周代青銅器》，《考古》一九八九年四期。

㉜文非：《對商水銅器釋文的兩點意見》，《考古》一九九〇年十二期。

㉝李家浩：《關于許公買瑚的一點意見》，《江漢考古》一九八四年一期。

㉞張長壽、張光直：《河南商丘地區殷商文明調查發掘初步報告》，《考古》一九九七年四期。

㉟郭寶鈞：《商周銅器群綜合研究》，科學出版社，一九八一年。

㊱《中國美術全集．青銅器》（下），文物出版社，一九八六年。

㊲《陝西鳳翔高王寺戰國銅器窖藏》，《考古》一九六二年一期。

㊳《一九五七年河南陝縣發掘簡報》，《考古通訊》一九五八年十一期。

㊴同③後者。

㊵寶鷄市博物館盧連城、寶鷄市文化館楊滿倉：《陝西寶鷄縣太公廟村發現秦公鐘、秦公鎛》，《文物》一九七八年一期。

㊶容庚：《鳥書考》，《容庚選集》，天津人民出版社，一九九四年。張光裕、曹錦炎：《東周鳥篆文字編》，香港翰墨軒出版有限公司，一九九四年。

㊷郭沫若：《兩周金文辭大系圖錄考釋．序文》。

㊸唐蘭：《五省出土重要文物展覽圖錄．序言》，《唐蘭先生金文論集》，紫禁城出版社，一九九五年。

㊹聞人軍：《考工記譯注》，上海古籍出版社。

圖版

一　素面鬲　春秋早期

三　象首紋鬲　西周晚期至春秋早期

二　虢季鬲　西周晚期至春秋早期

四　獸目交連紋甗　春秋早期

五　竊曲紋甗　春秋早期

七　鱗紋簋　春秋早期

八　獸形豆　春秋早期

六　獸目交連紋甗　春秋早期

一〇　孫叔師父壺　春秋中期

九　鳳紋方壺　西周晚期至春秋早期

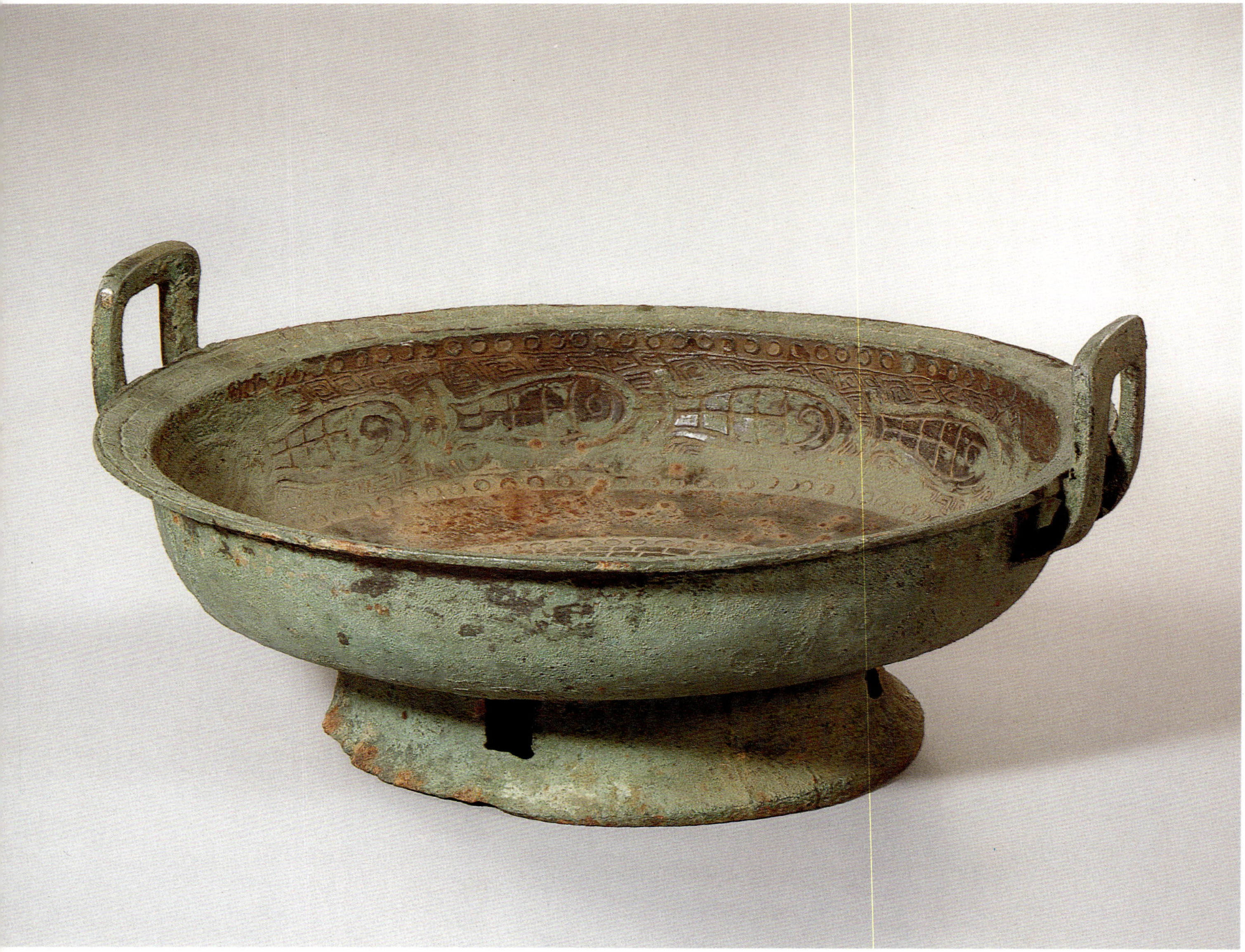

一一一一三　魚紋盤　春秋早期

一四　獸體卷曲紋匜　春秋早期

一五　交龍紋匜　春秋早期

一七　虎鳥紋陽燧　春秋早期

一六　鳳紋甬鐘　西周晚期至春秋早期

一八　蟠蛇紋鼎　春秋早期

一九　蟠蛇紋鼎　春秋中期

二〇　蟠蛇紋鼎　春秋中期

二一　獸目交連紋簋　春秋中期

二二　蓮鶴方壺　春秋中期

二三　龍紋方壺　春秋中期

二五　虎形尊　春秋中期

二四　交龍紋方壺　春秋中期

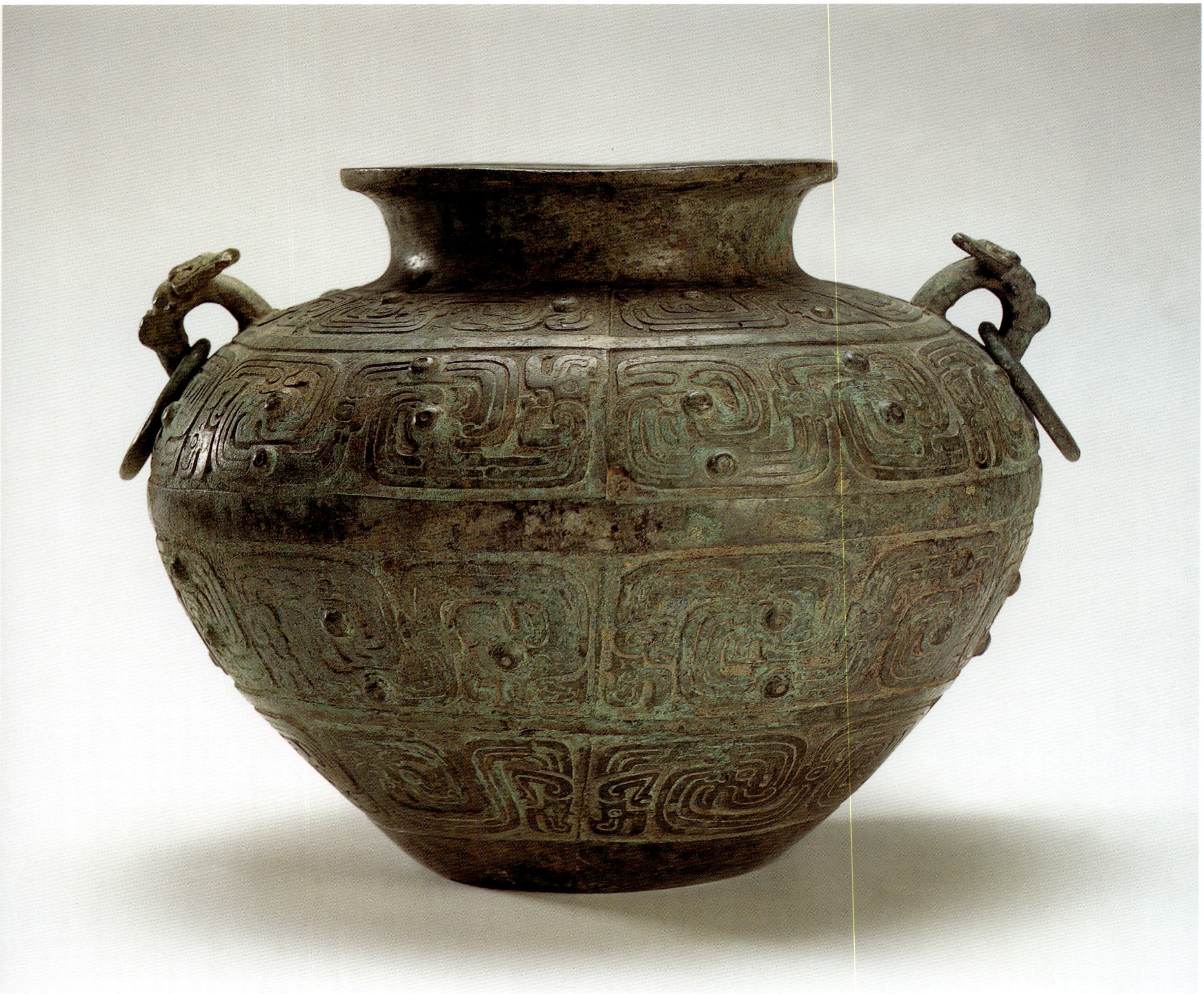

二六　蟠龍紋鑘　春秋中期

二七　蟠蛇紋罍　春秋中期

二八　鄭伯盤　春秋早期

二九　蟠龍紋鎛　春秋中期

三〇　獸目交連紋編鎛　春秋中期

三一　三角雲紋鈕鐘　春秋中期

三二　王子嬰次爐　春秋中期

三三　獸形器座　春秋中期

三五　蟠蛇紋鼎　春秋中期

三四　秦公鼎　春秋早期

三六　獸目交連紋鼎　春秋中期

三七　獸目交連紋甗　春秋中期

三九　秦公簋　春秋早期

三八　交龍紋甗　戰國早期

四〇　秦公簋　春秋中期

四一　交龍紋方壺　春秋早期

四二　交龍紋方壺　春秋早期

四三　雙首龍紋壺　戰國早期

四四　交龍紋壺　戰國早期

四五　鑲嵌宴樂紋壺　戰國早期

四六　曲頸蒜頭壺　戰國晚期

四七　錯金蟠龍紋方罍　戰國中期

四八　錯金龍耳方鑑　戰國中期

四九　鳳鳥紋盉　春秋早期

五〇　翼獸形提梁盉　戰國中期

五一　秦公鐘　春秋早期

五三　卷龍紋鐸　春秋中期

五二　秦公鎛　春秋早期

五五　蟠蛇紋楔形建築構件　春秋中期

五四　鱗紋獸頭軎轄　春秋早期

五六　蟠龍紋曲尺形建築構件　春秋中期

五七、五八　鼎形燈　戰國晚期

六〇　錯銀帶鈎　戰國晚期

五九　跽坐人形燈　戰國晚期

六二　蔡侯鼎　春秋晚期

六一　蔡侯鼎　春秋晚期

六三　蟠蛇紋湯鼎　春秋晚期

六四　蔡侯簋　春秋晚期

六六　蔡公子義工簠　春秋晚期

六五　蔡侯簋　春秋晚期

六七　淺盤鋪　春秋晚期

六八　嵌紅銅獸紋豆　春秋晚期

六九　蔡侯尊　春秋晚期

七〇　蔡侯盥缶　春秋晚期

七一　蔡侯盥缶　春秋晚期

七二　蔡侯方尊缶　春秋晚期

七三　蔡侯朱缶　春秋晚期

七四　蔡侯方壶　春秋晚期

七五　龍流方盉　春秋晚期

七六　蔡侯方鑑　春秋晚期

七七　黄季鼎　春秋早期

七八　黃君孟鼎　春秋早期

七九　黃夫人鼎　春秋早期

八〇　黄夫人鬲　春秋早期

八一　黄夫人鬲　春秋早期

八二　黄君孟豆　春秋早期

八三　黄夫人豆　春秋早期

八四　黄君孟壶　春秋早期

八六　黄君孟𬭚　春秋早期

八五　黄夫人壶　春秋早期

八七、八八　黃夫人𨯜　春秋早期

九〇　鬲形盉　春秋早期

八九　黃夫人盉　春秋早期

九一　黃君孟匜　春秋早期

九二　黃夫人匜　春秋早期

九三　黃夫人方座　春秋早期

九四　鄴子宿車鼎　春秋早期

九六　鄭子宿車壺　春秋早期

九五　鄭君叔單鼎　春秋早期

九七　鄦子宿車盤　春秋早期

九八　單盤　春秋早期

九九　單匜　春秋早期

一〇〇　鄀子宿車盆　春秋早期

一〇一、一〇二　子諆盆　春秋中期

一〇三　樊君盆　春秋早期

一〇四　樊夫人匜　春秋早期

一〇六　鱗紋鬲　春秋早期

一〇五　獸體卷曲紋鼎　春秋早其

一〇八　卷龍紋簠　春秋早期

一〇七　垂鱗紋壺　春秋早期

一一〇　昶伯庸盤　春秋早期

一〇九　番昶伯者君鼎　春秋早期

一一一、一一二　番君白𢽳盤　春秋早期

一一三　番君白𩛥盤　春秋早期

一一四　番昶伯者君匜　春秋早期

一一五　番伯享匜　春秋早期

一一六　伯坐匜　春秋早期

一一七　波曲紋壺　春秋早期

一一八　番叔壺　春秋早期

一二〇　獸目交連紋簋　春秋早期

一一九　蟠蛇紋鼎　春秋早期

一二二　環耳蹄足敦　春秋晚期

一二一　卷龍紋方壺　春秋早期

一二三　蟠蛇紋盤　春秋晚期

一二四　素面罍　春秋早期

一二五　鱗紋匜　春秋中期

一二六　鼄季鼎　春秋早期

一二七　鬲丘叔簠　春秋早期

一二八　宋公䜌簠　春秋晚期

一三〇　哀成叔鼎　戰國早期

一二九　交龍紋鼎　春秋晚期

一三一　雲紋鼎　戰國中期

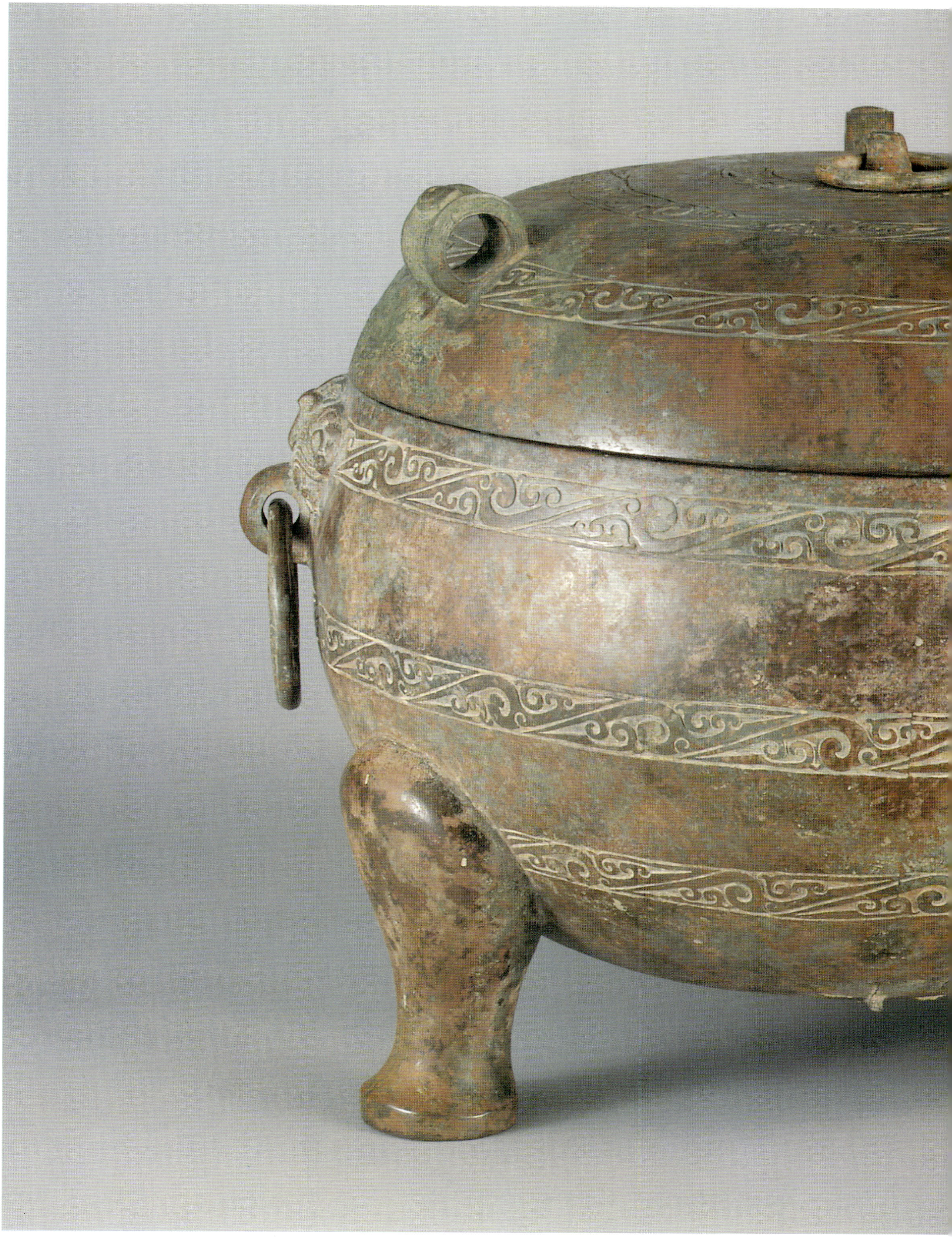

一三二　花瓣紋鼎　戰國中期

一三三　錯金雲紋鼎　戰國中期

一三四　錯金銀團花紋流鼎　戰國晚期

一三五　鳥紋方簠　春秋晚期

一三六　哀成叔豆　戰國早期

一三七、一三八　狩獵紋壺　戰國早期

一三九　幾何紋方壺　戰國中期

一四〇　宴樂狩獵攻戰紋壺　戰國中期

一四一　嵌龍紋壺　戰國早期

一四二　變形獸紋扁壺　戰國中期

一四三　變形龍紋扁壺　戰國中期

一四四　錯銀幾何紋扁壺　戰國中期

一四五　繁安君扁壺　戰國晚期

一四六、一四七　刻紋宴樂畫像杯　戰國早期

一四九　繁陽劍　戰國晚期

一五〇　人物立像　戰國晚期

一四八　鈎内戟　戰國中期

圖版説明

一　素面鬲

春秋早期

高一九·二、口徑二〇厘米

一九五六年至一九五七年河南三門峽上村嶺虢國墓地出土

河南省文物考古研究所藏

鬲體較扁，襠部甚低，襠底近平，腹側附長方形有穿耳，無紋飾。

二　虢季鬲

西周晚期至春秋早期

高一二·七厘米

一九九〇年河南三門峽上村嶺虢國墓地出土

河南省文物考古研究所藏

折沿，腹飾象鼻紋，三足上有扉棱，以扉棱爲鼻，兩側象鼻紋又組合成獸面紋。口沿內側有一周十二字銘文：「虢季作寶鬲，其萬年永寶用享。」

三　象首紋鬲

西周晚期至春秋早期

高一〇·四、口徑一五·三厘米

一九五七年河南三門峽上村嶺虢國墓地出土

中國歷史博物館藏

寬平沿，束頸，三蹄足，實足，不分襠，底呈弧形。腹上有三扉棱，腹飾象首紋。

（辛立華）

四　獸目交連紋甗

春秋早期

高三九・五、口徑長二六・五、寬二二厘米

一九五七年河南三門峽上村嶺虢國墓地出土

河南省文物考古研究所藏

甗分體，方形，鬲平底，不分襠。甑腹部飾獸目交連紋、獸帶紋。

五　竊曲紋甗

春秋早期

通高三八・六、口長二五・七、寬二一・五厘米

一九五六至一九五七年河南三門峽上村嶺虢國墓地出土

中國歷史博物館藏

甗體由上下兩部分組成，上部爲甑，下部爲鬲。甑作斗狀，口沿外侈，向下斜斂，底平爲箅，箅爲四行二十六個長方形氣孔，甑底有榫圈與鬲口相接。鬲爲長方形，口沿外折，矮頸平肩，平肩上立雙耳，底略凹，四足微叉。甑口沿下有竊曲紋一周，腹爲龍紋；鬲腹與足構成象首形。器身鑄痕明顯，鬲上套甑成爲一體，爲蒸食器。

（辛立華）

六　獸目交連紋甗

春秋早期

通高三八・九、口長二六、口寬二一・七厘米

一九五六至一九五七年河南三門峽上村嶺虢國墓地出土

中國歷史博物館藏

甗體分爲兩部分，上部爲甑，下部爲鬲。甑體呈長方斗形，侈口立耳，腹壁斜收，平底有箅孔，底有圈榫插入鬲口；鬲爲直口斜肩，肩上有一對方圈耳，平襠四蹄足。甑腹飾有獸目交連紋，鬲表無紋。

（辛立華）

七　鱗紋簋

春秋早期

通高二〇·八、口徑一八·八厘米

一九五六至一九五七年河南三門峽上村嶺虢國墓地出土

中國歷史博物館藏

弇口圓腹，獸首雙耳有珥，圈足下承三條扁蹄足；蓋面隆起，蓋緣突折，蓋首作圈狀；蓋面及腹均鑄有横條紋，蓋緣、腹緣飾有鱗紋。此簋係春秋早期之器，大體承襲西周中晚期的形制，僅腹部較西周中晚期圓些，到春秋中晚期簋已不甚流行。

（辛立華）

八　獸形豆

春秋早期

高二九、豆盤口徑一五·二厘米

一九五六年至一九五七年河南三門峽上村嶺虢國墓地出土

中國歷史博物館藏

器呈立獸形，中空，無底，獸耳直豎，短尾。獸體馱一豆，豆盤外飾獸體卷曲紋，獸體飾雲雷紋，獸四肢飾鱗紋。造型別致。

（辛立華）

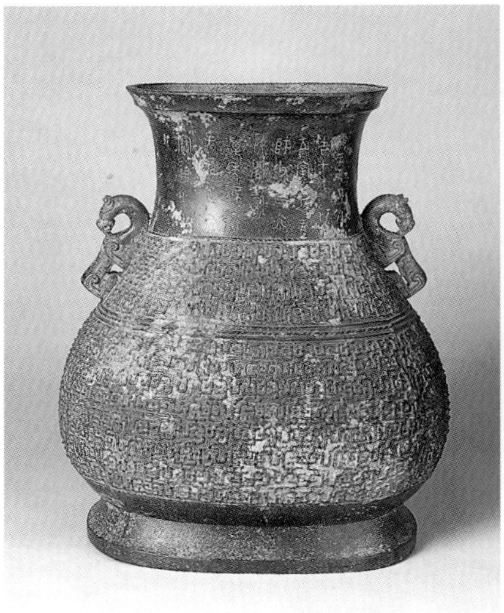

九　鳳紋方壺

西周晚期至春秋早期
高四九厘米
一九九〇年河南三門峽上村嶺虢國墓地出土
河南省文物考古研究所藏

方口，束頸，上承杯形蓋，垂腹，圈足。壺頸兩側有一對套環象鼻耳，腹部兩面皆以寬帶形成十字紋，每一方格內飾鳳紋，腹上部與蓋周也飾鳳紋。方壺形體較大，深厚雄偉。

一〇　孫叔師父壺

春秋中期
高三二·四厘米
日本根津美術館藏

器作橢方體，口略侈，長直頸，斜肩，垂腹，圈足，肩設一對回首狀虎形耳。肩、腹部滿飾軀體交纏的蛇紋。頸外側鑄銘文三十一字，記孫叔師父作此壺。

本圖由日本根津美術館供稿　（周　亞）

一一—一三　魚紋盤

春秋早期
高一七·二、盤徑三五·二、足徑二一·一厘米
一九五六至一九五七年河南三門峽上村嶺虢國墓地出土
中國歷史博物館藏

盤作圓形，淺腹，平底，高圈足，附雙耳。器內底飾龍紋，內壁環繞以雲雷紋爲地的魚紋一周；圈足上有對稱鏤孔。

（辛立華）

一四　獸體卷曲紋匜

春秋早期

通長二四、高一二·一、寬一一·一厘米

一九五六至一九五七年河南三門峽上村嶺虢國墓地出土

中國歷史博物館藏

口緣甚曲，淺腹圜底，下有四扁獸足。流作長槽形，槽寬長彎曲；柄爲龍首半環形，龍首啣匜口，圓目，立耳，作探飲狀；匜口及足根飾有獸體卷曲紋。

（辛立華）

一五　交龍紋匜

春秋早期

高一五·二、長三一·四厘米

美國舊金山亞洲藝術博物館藏

短流，深腹，圜底，龍形鋬，四蹄足。腹飾兩條回顧式龍紋，龍首上各有一條長冠歧出并相交，有雷紋襯地。這種長冠相交的龍紋極爲罕見。

本圖由美國舊金山亞洲藝術博物館供稿　（周　亞）

一六　鳳紋甬鐘

西周晚期至春秋早期
高五六厘米
一九九〇年河南三門峽上村嶺虢國墓地出土
河南省文物考古研究所藏

該甬鐘一套共八件，此乃其中之一。鐘體扁圓，弧形口，有甬與幹，兩面各有十八枚。隧部飾變形夔龍紋，右側飾一鳳紋。鉦部與左側銑部鑄有銘文，其中有「用宜其家，用興其邦」句。該鐘爲二〇〇一號墓所出，該墓爲虢國高級貴族墓。

一七　虎鳥紋陽燧

春秋早期
徑七·五厘米
一九五六年至一九五七年河南三門峽上村嶺虢國墓地出土
中國歷史博物館藏

陽燧背面圓鈕周圍有兩虎相對環繞，外側有一圈蝸紋，有的爲龍頭，有的爲鳥頭，設計奇异。陽燧鏡面略凹，便于取火。

（辛立華）

一八　蟠蛇紋鼎

春秋早期
通高四五·五、口徑四四厘米
一九二三年河南新鄭出土
河南省博物館藏

敞口，平折沿，立耳微外撇，略鼓腹，圜底，下有帶獸面的蹄形足。腹飾蟠蛇紋一周，紋帶中加飾六條扉棱，其中三條與三足獸面上的扉棱上下對應。

（王　瑋）

一九　蟠蛇紋鼎

春秋中期
高三三・二厘米
一九九三年河南新鄭出土
河南省博物館藏

口微斂，有附耳一對，圜底，下有獸首蹄足三個，弧形蓋上部稍平，蓋頂有六柱圜形捉手，鼎上飾細密的蟠蛇紋。

二〇　蟠蛇紋鼎

春秋中期
高五〇、口徑四九厘米
一九九三年河南新鄭金城路出土
河南省博物館藏

立耳，平沿，腹淺略鼓，圜底近平，獸首蹄足，腹外有六道垂棱，腹中部絡紋上下各飾一周蟠蛇紋，立耳外側飾變形鳥紋。

二一　獸目交連紋簋

春秋中期
通高二三・六、口徑一九・五厘米
一九九三年河南新鄭金城路出土
河南省博物館藏

有蓋，蓋呈弧形，上有喇叭形捉手，簋身鼓腹，圈足下有三扁足。蓋下部與器身上部飾獸目交連紋，蓋上部與腹中部飾橫條紋。圈足飾變形獸面紋。

二二　蓮鶴方壺

春秋中期
高一一八、口長三〇・五厘米
一九二三年河南新鄭李家樓出土
故宮博物院藏

器方形，雙耳爲鏤空的顧首伏龍，頸部及腹部四隅皆飾以獸形扉棱，器身飾相纏繞的蟠龍。蓋頂作鏤空蓮花瓣形，中立一鶴，昂首舒翅。圈足飾虎形獸，足下承以雙獸，獸首有突出的雙角。此壺造型華麗，紋飾繁複，壺腹最大徑下移，增加了全器的穩重感。此壺設計奇巧，鑄造技藝高超，爲春秋時代青銅藝術的代表作。

二三　龍紋方壺

春秋中期
高九三・三厘米
一九二三年河南新鄭李家樓出土
台北歷史博物館藏

長方形蓋，蓋圈甚侈張，直蓋沿。長方形口，長頸，斜肩，腹甚鼓，長方形圈足，下有兩隻吐舌凹腰的獸形足，頸部有一對回首狀龍形耳。蓋圈爲透雕的蟠蛇紋，有蛇首昂起翹出表面，蓋沿飾交龍紋。頸、肩部飾雙勾的龍紋，圈足飾交龍紋。龍形雙耳亦作透雕裝飾，龍首各有鏤空華麗的雙角。此壺出土一對，形體雄偉，裝飾精美，與淅川下寺楚墓出土的方壺頗爲相似。

本圖由台北歷史博物館供稿　（周　亞）

二四　交龍紋方壺

春秋中期
通高六七厘米
一九九三年河南新鄭金城路出土
河南省博物館藏

壺爲長方體，侈口，束頸，上承杯形蓋，垂腹，圈足。頸部有懸環的雙耳，蓋上飾蟠蛇紋，蓋下沿飾獸目交連紋，腹上部飾波曲紋，腹下部粗壯，淺浮雕交龍紋。

二五　虎形尊

春秋中期
長五三·三厘米
一九二三年河南新鄭李家樓出土
台北歷史博物館藏

尊肖虎形，雙目圓睁，張口卷唇，虎耳上翹，額上有一條寬厚的棱脊，眉上飾鱗紋。虎背開口，蓋有鏈與鋬相聯，虎尾上卷作鋬。腿部飾鱗紋。造型稚拙可愛。

本圖由台北歷史博物館供稿　（周　亞）

二六　蟠龍紋罍

春秋中期
高二六·七厘米
美國舊金山亞洲藝術博物館藏

侈口，短頸，廣肩，腹下斂，底略凹。肩置一對獸首環耳。肩、腹部飾S形構圖的兩頭蟠龍紋，龍首已呈變形之式。此器或以爲春秋早期之器，然其紋飾雖如春秋早期之制，但其器形仍屬春秋中期以後罍的式樣。

本圖由美國舊金山亞洲藝術博物館供稿　（周　亞）

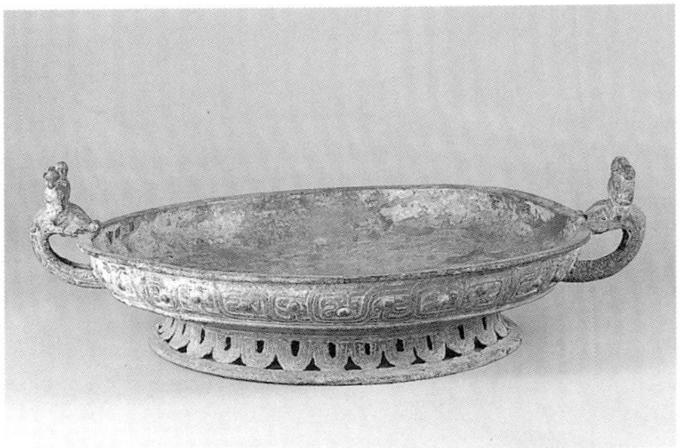

二七　蟠蛇紋罍

春秋中期
高四一、口徑二九・五、足徑二五・一厘米
一九二三年河南新鄭出土
中國歷史博物館藏

體呈扁圓形，撇口，頸下斂，圓肩，鼓腹，矮圈足，平底。中腹有凸棱紋一周，上腹飾蟠蛇紋及四個火紋，上下各綴有一道絡紋；下部飾雷紋地的雙線獸體卷曲紋，下綴十二個變形蟬翼紋，口沿至肩有雙龍啣環耳四個，係後配。此罍造型規整，紋飾精美，這種大型銅罍在春秋時期較爲少見。（辛立華）

二八　鄭伯盤

春秋早期
高一三・五、口徑三七・九厘米
上海博物館藏

耳作雙龍啣盤的式樣，腹飾兩頭龍紋，圈足爲透雕的鱗紋。腹內壁鑄有兩周淺浮雕的魚紋。內底鑄銘文十三字，以圓周式排列。（周　亞）

二九　蟠龍紋鎛

春秋中期
高九三・五、銑間五四厘米
一九二三年河南新鄭城關出土
河南省博物館藏

平口，深腔，腔截面呈闊葉形，舞上有鳳形連體的扁鈕，鈕中鏤空。舞部、篆間和鼓部飾蟠龍紋，枚呈螺旋狀凸起。

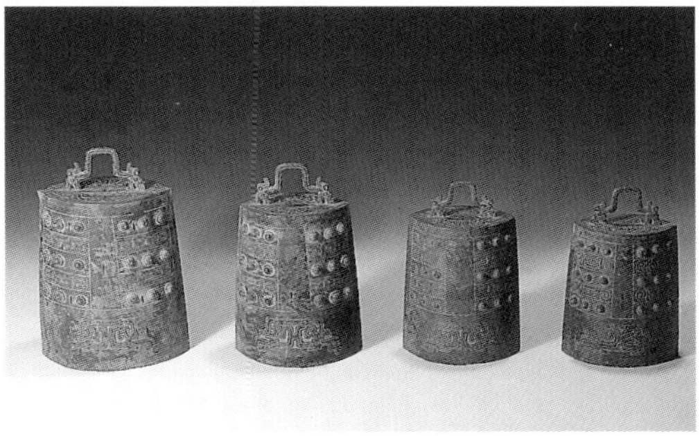

三〇　獸目交連紋編鎛

春秋中期

高二七至三三厘米

一九九三年河南新鄭金城路出土

河南省博物館藏

鎛體爲合瓦形，凸形雙頭龍鈕，腔體較闊，枚的分布佔腔體約五分之三。鎛口平。篆飾雲紋，舞部和鼓部均飾獸目交連紋。鎛一組共四枚，大小相次。

三一　三角雲紋鈕鐘

春秋中期

高二一·三至二八·五厘米

一九九三年河南新鄭金城路出土

河南省博物館藏

鐘鈕呈長方圓角形，鐘體合瓦形，腔體較長，枚的分布略大于腔體的二分之一。兩銑略向外呈弧形鼓出。舞部素面，鼓部有三角雲紋組成的幾何紋飾。鐘一組爲一肆，此一肆爲十枚，大小相次。

三二　王子嬰次爐

春秋中期

高一二·二、口長四五·四、口寬三五·六厘米

一九二三年河南新鄭李家樓出土

中國歷史博物館藏

器似長方盤，敞口，圓角，淺腹，平底，底下圍列柱形殘足二十三枚。腹壁前後各有一環鈕，鈕上繫一圓環，左右兩端各有鼻鈕二，爲三節提鏈，通體飾斜方格穀粒紋，上下均以繩紋爲界，口沿內壁刻銘一行七字。

（馬秀銀）

三三　獸形器座

春秋中期
高三一·三厘米
一九二三年河南新鄭李家樓出土
台北歷史博物館藏

獸頭顱較大，與軀幹及四肢似不成比例。頭部雙目圓睁，捲唇咧嘴，額鼻間飾鱗紋。頭頂、嘴角有四條彎曲的支柱歧出。袒胸，下着菱形肚兜。雙腿各踩一條昂首蜷體，有棘刺狀鱗片的龍，蟠曲的龍體增加了器座的承重面積，使之具有較好的穩定性，造型設計與器物的實用性結合完美，構思巧妙。獸頭上歧出的四根支柱當可用于承托器物。

本圖由台北歷史博物館供稿　（周　亞）

三四　秦公鼎

春秋早期
高四七、口徑四二·三厘米
甘肅禮縣大堡子山秦公墓地出土
上海博物館藏

立耳，折沿，腹淺略鼓，平底，獸首蹄足。頸、腹飾式樣不同的獸目交連紋，立耳外側飾鱗紋。腹內壁鑄銘二行六字，記秦公作此鼎。上海博物館收藏秦公鼎共四件，此爲最大的一件。這幾件秦公鼎以及上海博物館收藏的秦公簋是目前所知最早的秦公之器。

本圖攝影：郭林福　（周　亞）

三五　蟠蛇紋鼎

春秋中期
高一七·五、口徑二〇·八厘米
一九六四年陝西出土
陝西歷史博物館藏

口沿外折，兩耳立于口沿上，圓底近平，三蹄形足。腹部上層飾交錯蟠蛇紋，下層飾波狀環帶紋。

（譚前學）

三六　獸目交連紋鼎

春秋中期

高一三·三、口徑一四·二厘米

一九八六年陝西隴縣邊家莊出土

陝西省文物考古研究所寶鷄工作站藏

斂口，折平沿，雙立耳微外撇，鼓腹較深，圜底，三蹄狀空足。上腹飾一周獸目交連紋。

本圖攝影：富　君　（肖　琦）

三七　獸目交連紋甗

春秋中期

高一七·四、甑口長一二·四、寬一〇·八、鬲口長八·八、寬七·四厘米

一九八六年陝西隴縣邊家莊出土

陝西省文物考古研究所寶鷄工作站藏

體呈方形，甑鬲渾鑄。甑敞口，腹壁斜直內收無箄。正面上部飾獸目交連紋，下部和側面飾象紋。鬲直領，直口，弧襠，四蹄狀足，素面。

本圖攝影：富　君　（肖　琦）

三八　交龍紋甗

戰國早期

高三〇·六、口徑一九厘米

一九七七年九月陝西鳳翔高王寺出土

陝西省鳳翔縣文化館藏

甗爲甑、鬲分體式，甑窄沿束頸，下腹內收，底部有圓形箄。腹部飾蟠蛇紋和絡紋，兩附耳飾三角雲雷紋。鬲束口直沿，折肩圓腹，肩部有環鈕。肩、腹部飾交龍紋和變形波曲紋。甗中部有一圓盤，可轉動。

三九　秦公簋

春秋早期
高二三・五、口徑一八・八厘米
甘肅禮縣大堡子山秦公墓地出土
上海博物館藏

斂口，鼓腹，圈足下連三個粗壯的獸首足。蓋上捉手較大，器兩側置寬大的獸首耳，使這件幷不很大的器物增加了莊重感。蓋邊與器沿飾獸目交連紋，每組紋飾間設一個突起的獸首，器上獸首倒置，蓋、器相合使獸首相對，此類裝飾爲青銅器上僅見。圈足飾鱗紋，餘飾橫條紋。蓋、器同銘二行五字，記秦公作此簋。

本圖攝影：郭林福　（周　亞）

四〇　秦公簋

春秋中期
高一九・八、口徑一八・五、足徑一九・五厘米
傳一九一九年甘肅天水西南鄉出土
中國歷史博物館藏

圓口內斂，有子口，鼓腹，圈足，雙獸耳，上有半球形蓋，頂端爲圓形捉手，倒置可作圈足。蓋與器身均飾細小蟠蛇紋及條紋，圈足飾獸體卷曲紋。器、蓋對銘，蓋五十四字，器五十一字，共一〇五字，爲秦景公自述：秦國在禹開闢的地方建都已十二代，威名大震。表示自己要繼承祖先事業，永保四方土地。蓋與器另有秦漢間後刻銘八字，知其秦漢間曾作容器使用，幷爲西縣官器。字均由印模打製範鑄而成。銘文製作方法新穎，開早期活字模之先河。

（馬秀銀）

四一　交龍紋方壺

春秋早期

高二〇·四、口長六·四、寬五·二厘米

一九八六年陝西隴縣邊家莊出土

陝西省文物考古研究所寶鷄工作站藏

方蓋較深，直口，長頸，腹部圓鼓，稍傾垂，獸首耳，上端套于壺體上的小凸狀物上，形似榫卯相接，下端緊靠肩部的凸棱之下，平底，方圈足。蓋頂及四周、頸部飾獸體卷曲紋，腹部飾交龍紋。

本圖攝影：富　君　（肖　琦）

四二　交龍紋方壺

春秋早期

高一七·八、口長七、寬五·三厘米

一九七九年陝西隴縣邊家莊出土

陝西歷史博物館藏

直口，頸扁方而直，腹短而呈橢圓形，長方形蓋，方圈足。蓋沿長面有兩個方孔，寬面有一個方孔。頸上有兩個獸首耳，另有一周凸棱。蓋、頸、腹均飾交龍紋。

（譚前學）

四三　雙首龍紋壺

戰國早期

高三三·五、口徑一一·九、底徑一五·九厘米

上海博物館藏

器斂頸，斜肩，鼓腹，低圈足。肩兩側有鋪首環耳。腹部有凸起的雲紋三道，口沿下有雙首龍紋。

四四　交龍紋壺

戰國早期
通高三二・五、口徑一一・五厘米
陝西延安出土
陝西歷史博物館藏

口侈大，束頸，球形腹，下承寬圈足。帶蓋，蓋上有三鳥形足，兩肩鋪首啣環。蓋面紋飾兩重；內爲三條彎曲的龍，外層飾五條彎曲的龍。腹部紋飾分三層，均作交龍纏繞狀。

（譚前學）

四五　鑲嵌宴樂紋壺

戰國早期
高四〇、口徑一〇・八厘米
一九七七年九月陝西鳳翔高王寺出土
陝西省鳳翔縣文化館藏

小口，長頸，斜肩，深腹，平底，圈足。有蓋，蓋面微鼓，中心飾火紋，四周飾獸紋，周邊有鴨形鈕三個。壺肩部有獸面啣環一對，壺身以金屬片鑲嵌出四層圖案，第一層爲習射圖三組，第二層爲弋射圖三組，第三層爲宴樂圖三組，第四層爲狩獵圖三組。

四六　曲頸蒜頭壺

戰國晚期
高三四厘米
陝西米脂官莊出土
陝西省米脂縣博物館藏

小口，口呈蒜頭形，曲頸，壺身作扁球狀，下有圈足。蒜頭壺爲秦國常見器，唯此曲頸壺不多見。

（王昱東）

四七　錯金蟠蛇紋方罍

戰國中期

高三二、口徑一五・六厘米

一九七五年河南三門峽上村嶺出土

河南省博物館藏

侈口，唇沿外翻，細頸，寬肩，鼓腹，平底，下附方形圈足。頸部外壁四面鑄有圓形凹槽，鑲嵌物已脫落。腹外有方形格欄，內有蟠蛇紋。格欄之間的寬帶狀格條均爲錯金絲組成的幾何圖案。器蓋頂爲勾連雲紋，頂部外緣鑄無花果葉狀裝飾，幷有錯金圖案，其表面原有髹漆彩。罍內有長柄勺一件，勺端爲圓形。

（賈　峨）

四八　錯金龍耳方鑑

戰國中期

高二一・六、口長三〇・一厘米

一九七五年河南三門峽上村嶺出土

河南省博物館藏

束頸，腹下斂，圈足。四面各有伏龍形耳。口緣飾複合的菱形雲紋。頸腹飾幾何形雲紋，加以方格絡帶，帶上飾勾連形紋。圈足爲菱形紋。通體花紋皆嵌金絲。幾何形雲紋作爲這一時期興起的新型花紋，在此器上得到充分的發揮。

四九　鳳鳥紋盉

春秋早期

高二一・六、寬二一・六、厚四・六厘米

一九八六年陝西隴縣邊家莊出土

陝西省文物考古研究所寶鷄工作站藏

鳳鳥形蓋，圓角方形扁體，小口，高圈足。前有曲管狀獸頭流，後有獸首鋬，流與鋬均分鑄後裝配于腹部。腹部中央飾一鳥紋和龍紋，鳥頭與流的方向相對，周圍飾不規則的獸體卷曲紋。足部飾波曲紋和獸體卷曲紋。

本圖攝影：富　君　（肖　琦）

五〇　翼獸形提梁盉

戰國中期
高三〇・二、長二〇・八、寬二二・五厘米
一九六二年甘肅涇川出土
甘肅省博物館藏

蓋凸起，中心有一翼獸形鈕。蓋與器身用一小環聯接。提梁爲龍形。流爲獸首，鋬爲獸尾，四獸足。蓋邊飾一圈變體龍紋。器腹中上部兩側分鑄兩組羽翼獸紋，成爲整個獸形器的雙翼。提梁呈龍形，昂然回首，遍飾鱗紋；龍體上部陰刻五個張開的翅膀，極富動感。

（李曉青）

五一　秦公鐘

春秋早期
高四八、兩銑間距二七厘米
一九七八年陝西寶鷄太公廟出土
陝西省寶鷄市博物館藏

鐘有五件，形制一致而大小不同。鐘的鉦部較大，枚較長，甬較長，甬上飾四條小龍，幹帶上有四組變形雷紋，舞部分四個區段，每一區段爲一獸目交連紋。鼓部飾卷龍紋。五件鐘爲一套，其中甲、乙兩鐘銘文合成一篇文章，丙、丁、戊三鐘銘文連讀爲另一組。全篇銘文共一百三十五字。該鐘的形制、花紋及銘文書體，特別是銘文內容，爲研究秦早期歷史與文化，提供了重要資料。

五二　秦公鎛

春秋早期

高七五・一厘米

一九七八年陝西寶鷄太公廟出土

陝西省寶鷄市博物館藏

鎛有三件，形狀相同，大小相次。鎛身鼓起成合瓦形，鼓部下口平齊，鼓部有四個扉棱，側旁兩扉棱由九條飛龍蟠曲組成，上延至舞部，連接爲鈕，前後兩扉棱由五條飛龍和一隻鳳鳥蟠曲組成，在舞部各有一龍一鳳，相背回首。鎛身上下分別有兩條菱形枚組成的條帶，條帶紋中間紋飾分爲四個區段，每一區段內有蟠龍紋。舞部可分四個區段，每區段內有蟠龍紋，旁有一鳳鳥。舞部正中有一圓孔。鎛上銘文一百三十五字，與秦公鐘銘相同。該鎛形制別致，花紋繁複，銘文內容重要，是研究秦早期歷史與文化的珍貴文物。

五三　卷龍紋鐸

春秋早期

高一六、長徑一一、短徑八・五厘米

陝西鳳翔大辛村徵集

陝西鳳翔縣文化館藏

此器形制介于鐘與鐸之間，鐸口向上，可以執柄使用。鉦部飾雲紋，枚與篆均用陰線刻出，鼓部飾卷龍紋。

五四　鱗紋獸頭軎轄

春秋早期

長一三・二、轄長一〇・五厘米

甘肅禮縣徵集

甘肅省博物館藏

軎呈長筒形，開口的一端粗，閉口的一端細。軎身中部施凸弦紋，弦紋旁施鱗紋及獸紋，閉口面上施鳥紋。轄呈長條狀，一端鑄有獸頭。

（林　健）

五五　蟠蛇紋楔形建築構件

春秋中期
長三一、寬二二厘米
一九七三年陝西鳳翔姚家崗出土
陝西歷史博物館藏

長方形，類似楔形磚而中空，中心偏上處有圓銷眼。構件的背面、上面爲素面板，正視與底視滿飾蟠蛇紋。這種秦國雍城的宮殿建築構件可加固木構及啣接木件，古稱「金釭」。

五六　蟠蛇紋曲尺形建築構件

春秋中期
長四四、寬一六、另一側面長三四厘米
一九七三年陝西鳳翔姚家崗出土
陝西歷史博物館藏

曲尺狀，外轉角的兩側面與底面爲板面，滿飾蟠蛇紋。其兩端爲鋸齒形，呈三齒，其內側面爲空格框架，用它套在兩根木件交接處，既實用，又美觀。

五七、五八　鼎形燈

戰國晚期
高三〇·五、口徑一二、閉合時高一六·七厘米
一九七四年甘肅平涼廟莊出土
甘肅省博物館藏

器腹呈扁球形，平蓋，雙附耳，三蹄足。蓋中心有一圓柱形托，兩側有兩個旋向鴨首。耳上各有一可以活動的支架。閉合時，支架合于器蓋之上幷被鴨首的寬嘴啣住，使蓋與器腹密合無間。支架升起後頂端合攏，揷入反轉後的蓋中心柱形托內，即成一燈。蓋周邊飾弦紋三周，腹部飾一周凸起弦紋。鼎形燈構思巧妙，是一件獨具匠心的工藝品。

（李曉青）

五九　跽坐人形燈

戰國晚期
高四八・九、盤徑二三・七厘米
一九七五年河南三門峽上村嶺出土
河南省博物館藏

作跽坐人形，冠帶，兩手持叉形燈柱。柱頂有環形燈盤。有方板承座，前方有兩圓形穿孔。盤緣有彩色漆繪三角形紋，人形衣飾上也有漆繪。此燈人形腰束革帶，帶前有鈎，顯示了帶鈎的用法，頗爲重要。

六〇　錯銀帶鈎

戰國晚期
高二・二、長一六・七、寬一・九、掛釘高〇・六厘米
一九九二年徵集
甘肅省博物館藏

鈎端有一陰線刻獸首。鈎面略凸，錯銀，上有幾何形花紋。背有一圓蓋形掛釘。

（劉志華）

六一　蔡侯鼎

春秋晚期
通高四八・五、口徑三五・五厘米
一九五五年安徽壽縣蔡侯墓出土
安徽省博物館藏

子口、附耳、平蓋，蓋中央套鑄一環，周緣有三個8字形獸鈕，深腹圜底，細高蹄足，足根作獸首狀。腹上部有凸弦紋一周。蓋及腹內同銘，二行六字，自名「飤鼎」。此式鼎同墓共出九件，其中六件兩兩成對，均依次遞小。蔡侯用周天子九鼎之禮，是春秋以後周代禮崩樂壞的充分反映。

（李治益）

六二　蔡侯鼎

春秋晚期
通高四六·五、口徑四四厘米
一九五五年安徽壽縣蔡侯墓出土
安徽省博物館藏

侈口，淺腹，束腰，平底，無蓋，大立耳外曲較甚，三蹄足短粗，腹周壁飾六個獸形棱脊。腹內有銘文二行六字，自名「飤𪔂」。出土時共七件，依次略小，內各附匕一件。此種器形較早見于淅川下寺楚墓，代表着楚文化特色，蔡侯鼎的發現說明春秋晚期蔡文化接受着楚文化的強烈影響。

（李治益）

六三　蟠蛇紋湯鼎

春秋晚期
通高四七·五、口徑二三·五厘米
一九五五年安徽壽縣蔡侯墓出土
安徽省博物館藏

鼎爲小口直頸，廣肩鼓腹，圜底蹄足，兩耳立于肩上，稍外侈，蓋失。腹飾細密的蟠蛇紋和八個圓圈飾及兩道繩紋，圓圈飾突出醒目。此種器形在江淮地區及東周楚墓中多有發現，有的自銘「湯鼎」。原報告沒有說明此鼎隨葬位置，但從其他墓葬中湯鼎與水器成組來看，應爲盥器，功能當與反映禮制的鼎不同。

（李治益）

六四　蔡侯簋

春秋晚期
通高三六・七、口徑二三・九厘米
一九五五年安徽壽縣蔡侯墓出土
中國歷史博物館藏

圓口折沿，平腹下斂，矮圈足，圈足下連方座，座中空，直壁，四壁下均有一長方形缺口。腹兩側置獸首耳，耳上爲一獸面。口上有蓋，蓋頂中央爲鏤空五蓮瓣，口沿有四獸面鈕，口部突出蓋沿，與器口緊緊扣合固定。通體均飾交龍紋，器、蓋對銘「蔡侯紳之䵼（飤）盬（簋）」，因鏽蝕嚴重，銘文較模糊。此簋造型優美別致，是春秋晚期蔡侯紳所用之器。

（馬秀銀）

六五　蔡侯簋

春秋晚期
通高三六・五、口徑二三・五厘米
一九五五年安徽壽縣蔡侯墓出土
安徽省博物館藏

簋爲圓腹，腹側置兩獸形耳，有蓋，蓮瓣形蓋握，蓋口分設四個小獸面與器口相扣，器下連鑄方座。腹飾交龍紋，蓋內有銘文兩行六字。此簋承襲西周時期中原同類器作風，但珥部及紋飾已趨于簡略，反映出蔡與中原文化的淵源關係以及時代的變遷。

（李治益）

六六　蔡公子義工簠

春秋晚期
長三〇、寬二〇、高一〇厘米
一九六六年河南潢川高稻場出土
河南省博物館藏

器呈長方形。直口，斜壁，短邊兩側各有一個獸首狀耳，平底，矩尺形足。器身以細密的蟠蛇紋裝飾。內底有兩行八字銘文「蔡公子義工作飤簠」。

（王　瑋）

六七　淺盤鋪

春秋晚期
高一七、口徑二三・五、足徑一六・五厘米
一九五五年安徽壽縣蔡侯墓出土
安徽省博物館藏

盤極淺，直口，柄較粗，柄上有六個上下交錯的長條形鏤孔。（李治益）

六八　嵌紅銅獸紋豆

春秋晚期
通高三四、口徑一七、腹徑一七・五、足徑一三厘米
一九五五年安徽壽縣蔡侯墓出土
安徽省博物館藏

深腹細柄，淺圈足。器壁有四環耳，柄有細箍，蓋上亦有四個獸鈕，可却置，蓋與器扣合呈球形。器、蓋均用紅銅鑲嵌花紋。蓋豆春秋時始于中原，此器具有中原風格。（李治益）

六九　蔡侯尊

春秋晚期
高二八、口徑二三・五、足徑一五・五厘米
一九五五年安徽壽縣蔡侯墓出土
安徽省博物館藏

侈口，長頸，鼓腹，圈足。唇部嵌銅作三角形回紋，頸腹間有銘文九字，爲蔡昭侯爲大孟姬所鑄陪嫁器。于省吾先生考證此大孟姬爲昭侯長女，于昭侯元年（公元前五一八年）嫁于吳王僚。春秋晚期中原已少見尊，但南方吳越地區仍盛行，并且具有地方特色。（李治益）

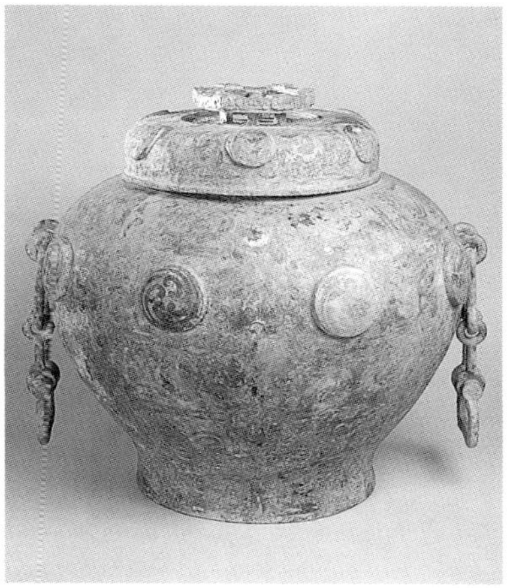

七〇　蔡侯盥缶

春秋晚期
通高四六、口徑二六、足徑二七·八厘米
一九五五年安徽壽縣蔡侯墓出土
中國歷史博物館藏

圓口內斂，鼓腹，圈足。有蓋，蓋有六柱足環形捉手。腹上有對稱獸首雙耳，兩側爲雙環鈕絞鏈式提環，蓋及器身分別飾凸起火紋，通體紋飾嵌以紅銅。口內沿有銘文一行十字，爲蔡昭侯爲其長女大孟姬出嫁做的媵器。（馬秀銀）

七一　蔡侯盥缶

春秋晚期
通高三六、口徑二一、底徑二二厘米
一九五五年安徽壽縣蔡侯墓出土
安徽省博物館藏

體圓，有蓋，蓋頂作六柱連環形捉手，蓋口包住器口。圓肩，腹下內收，假圈足。肩上原有雙鏈提梁。蓋上飾六個、肩上飾八個凸起火紋，其間有陽線交龍紋，周身嵌紅銅獸紋。蓋內及口沿外均有銘文六字，自名「盥缶」。出土時內附一小匜，爲挹注之用。（李治益）

七二　蔡侯方尊缶

春秋晚期
通高三五·二、口徑一三·二厘米
一九五五年安徽壽縣蔡侯墓出土
安徽省博物館藏

器作方體，方口短頸，狹肩鼓腹，低圈足，有蓋，蓋口分設四個小獸面與器口相扣，蓋頂四隅有圈鈕，中置鼻鈕套環，上腹四面亦各有一圈鈕。除蓋口、器口、圈足飾密集花紋外，周身嵌紅銅花紋。蓋內、口內有銘文一行六字，自名「⿰阝尊缶」。出土時置于蔡侯方鑑內，鑑與缶配套使用。（李治益）

七三　蔡侯朱缶

春秋晚期
通高三六·七、口徑二四·二厘米
一九五八年湖北宜城安樂坨出土
湖北省博物館藏

小口，方唇，直領，鼓腹，假圈足。兩側有對稱雙環鈕，雙鈕連環，雙提鏈上端接長方環。雙環鈕上飾綯紋，長方環上飾綯紋、獸首形紋，腹上部飾二道弦紋。肩部鑄有「蔡侯朱之缶」銘文。

（劉家林）

七四　蔡侯方壺

春秋晚期
高八〇、口徑一八厘米
一九五五年安徽壽縣蔡侯墓出土
安徽省博物館藏

方口，圓腹，蓋頂呈鏤空的蓮瓣形，兩側有獸耳啣環，壺底有四獸承托，獸昂首吐舌。腹上部均飾獸目交連紋，腹部有十字紋凸帶，頸內有銘文二行六字，被蓋口蓋住，僅見一部分，知爲蔡侯所做。

（李治益）

七五　龍流方盉

春秋晚期
高二四·七、口徑一六、腹徑二三·五、足徑一七·五厘米
一九五五年安徽壽縣蔡侯墓出土
安徽省博物館藏

盉爲方形，小口，鏤空厚唇，素方蓋，蓋上置一鈕。斜肩鼓腹，腹兩側中部各有一圈鈕，鏤空，曲尺形足，流作龍頭形，背有鏤空棱脊。此器形制精美，與同期盉造型迥异，具有西周中晚期遺風。

（李治益）

七六　蔡侯方鑑

春秋晚期
通高二八・三、口寬三八、足徑二八厘米
一九五五年安徽壽縣蔡侯墓出土
安徽省博物館藏

鑑爲方體，束頸，腹下圜收，低圈足。兩側壁有圈鈕套環，腹內四壁各嵌鑄一小圈鈕。除口沿、腹中部及足有紋飾外，餘均嵌紅銅花紋。器外頸上有銘文一行六字。此鑑出土時內置蔡侯方缶，爲鑑缶共用。

（李治益）

七七　黃季鼎

春秋早期
通高三二・四、口徑三一・六厘米
一九七二年湖北隨縣均川出土
湖北省博物館藏

折沿，圓腹微鼓，長方立耳，圜底，蹄足。腹飾雲紋、弦紋和獸體卷曲紋各一周，耳外飾鱗紋。腹內鑄有「黃季作季嬴寶鼎其萬年子孫永寶用享」銘文。

（劉家林）

七八　黃君孟鼎

春秋早期
通高二七、口徑二九・五厘米
一九八三年河南光山出土
河南省博物館藏

敞口，方折沿，上有一對立耳，微鼓腹，圜底，下有蹄形足。腹部僅飾凸弦紋一周。沿下有「黃君孟自作行器□子孫則永寶寶」銘文一行。

（王　瑋）

七九　黃夫人鼎

春秋早期

高二四·二、口徑二五·三厘米

一九八三年河南光山寶相寺出土

河南省信陽地區文物管理委員會藏

寬沿，直耳，圓腹，圜底，三蹄足中空。中腹有一周繩索紋，上腹飾蟠蛇紋，耳外飾獸體卷曲紋。口沿下有一行十四字銘文。銘文字跡不清，記載黃君孟爲其夫人做器。

（邵金寶）

八〇　黃夫人鬲

春秋早期

高一一、口徑一三·八厘米

一九八三年河南光山寶相寺出土

河南省信陽地區文物管理委員會藏

斂口，寬平沿，束頸，折肩，腹下收，弧襠，蹄足，三足略外張，腹飾獸體卷曲紋，肩上有一行十六字銘文：「黃子作黃甫（夫）人行器，則永寶寶，霝冬（終）霝後」。同出另一黃夫人鬲銘文有「孟姬」之名，但銘文無後半段。

（邵金寶）

八一　黃夫人鬲

春秋早期

高一〇·七、口徑一四·五厘米

一九八三年河南光山寶相寺出土

河南省博物館藏

斂口，平沿，束頸，折肩，斜腹，弧形襠，蹄足。腹飾卷龍紋，并有三條扉棱與足相對應。肩上鑄有銘文十字「黃子作黃甫（夫）人孟姬器則」。未鑄全銘。

（王　瑋）

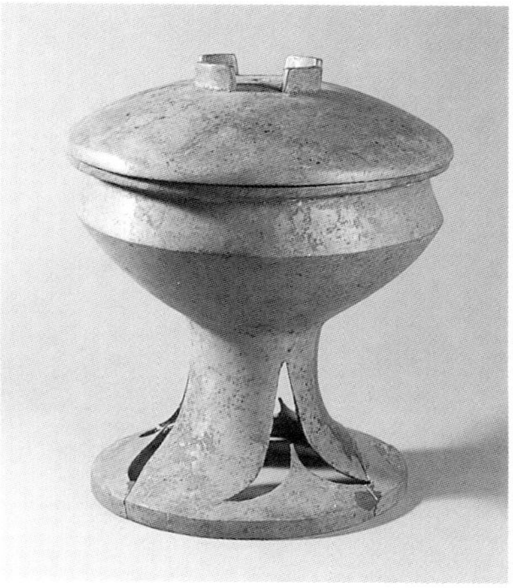

八二　黃君孟豆

春秋早期
高二四・八、口徑二四・二厘米
一九八三年河南光山寶相寺出土
河南省博物館藏

斂口，寬沿，束頸，折肩，斜腹，小平底，下有帶三角形鏤孔的高圈足。通體褐亮，素面無飾。肩部鑄有銘文「黃君孟自作行器子子孫孫則永寶寶」一行十五字。

（王　瑋）

八三　黃夫人豆

春秋早期
高二三、口徑一五・六厘米
一九八三年河南光山寶相寺出土
河南省信陽地區文物管理委員會藏

有蓋，斂口，寬沿，折肩，斜腹，下收成平底，高圈足，其上有三角形鏤孔，腹內有三行十六字銘文：「黃子作黃甫（夫）人行器，則永寶寶，霝冬（終）霝後」。此豆與黃君孟豆的造型既別致又實用，其高圈足配有鏤空的裝飾，使該豆上實下虛，既穩定又便于把握。

（邵金寶）

八四　黃君孟壺

春秋早期
高三一・七、口徑一五・三厘米
一九八三年河南光山寶相寺出土
河南省博物館藏

口微侈，鼓腹，圈足，通體寬扁，獸面橋形耳。頸部飾蟠蛇紋。口沿下有一周銘文，一行十五字：「黃君孟自作行器，子子孫孫則永寶寶。」

八五　黃夫人壺

春秋早期

高三〇·七、口徑短徑一〇·三、長徑一二厘米

一九八三年河南光山寶相寺出土

河南省信陽地區文物管理委員會藏

長頸，口微侈，垂腹，平底，圈足，頸兩側各有一爬獸形耳。蓋頂有一圓紐，蓋面飾獸體卷曲紋，腹飾三角雲紋與蟠蛇紋，頸部有銘文四行十六字：「黃子作黃甫人行器，則永寶寶，霝（靈）冬（終）霝（靈）後」。

（邵金寶）

八六　黃君孟鑘

春秋早期

高二三、口徑一五·六厘米

一九八三年河南光山寶相寺出土

河南省信陽地區文物管理委員會藏

寬沿微侈，束頸，折肩，腹下收成凹底，肩部飾蟠蛇紋，下有銘文一行十五字：「黃君孟自作行器，子子孫孫則永寶寶」。

（邵金寶）

八七、八八　黃夫人鑘

春秋早期

高二七、口徑一六·七厘米

一九八三年河南光山寶相寺出土

河南省信陽地區文物管理委員會藏

直口，微侈，寬沿，束頸，折肩，腹下收成凹底，獸面紋橋形耳，平蓋，蓋面有簡化獸體卷曲紋，上腹飾兩組蟠蛇紋，下腹飾一組蟠蛇紋，肩部有銘文二行十五字：「黃子作黃甫（夫）人孟姬行器，則永寶寶，霝」語意未完。（邵金寶）

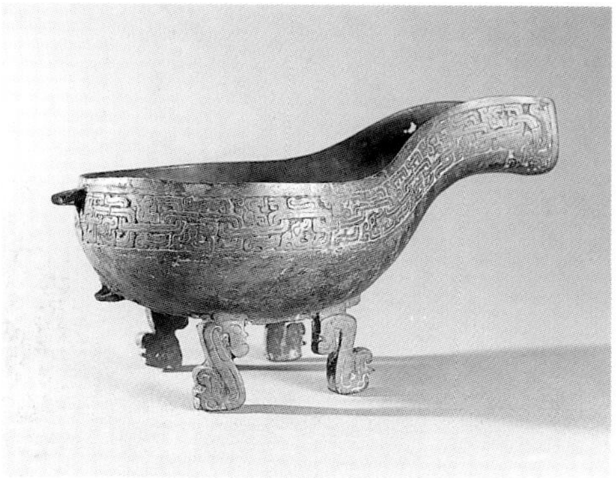

八九　黃夫人盉

春秋早期
高一八・二、口徑一一・二厘米
一九八三年河南光山寶相寺出土
河南省信陽地區文物管理委員會藏

斂口，尖唇，平蓋，上甑下鬲，中間有一圓形木箅，無孔，有卷曲的角形鋬，流呈獸頭狀。口沿下有七行十六字銘文：「黃子作黃甫（夫）人行器，則永寶寶，霝（靈）冬（終）霝（靈）後」。

（邵金寶）

九〇　鬲形盉

春秋早期
高一七、口徑九・二厘米
一九八三年河南光山寶相寺出土
河南省信陽地區文物管理委員會藏

直口，卷沿，平蓋，獸頭角形鋬，圓筒形短流，僅保存鬲的部分。通體素面。

（邵金寶）

九一　黃君孟匜

春秋早期
殘長二八・五、高一五・六厘米
一九八三年河南光山寶相寺出土
河南省博物館藏

前有寬長流，直壁，深腹，底微圜，下有四個獸狀扁足，缺鋬。器口沿下飾蟠蛇紋，內底鑄「黃君孟自作行器，子孫則永寶寶」三行十三字銘文。

（王　瑋）

九二　黃夫人匜

春秋早期
高一六・八、長徑三一・三、寬一四厘米
一九八三年河南光山寶相寺出土
河南省信陽地區文物管理委員會藏

匜前部有寬流，深腹，圜底，四個扁獸足，後有弓身、探首、卷尾的龍形執鋬。沿下與腹部分别飾獸體卷曲紋與横條紋。器内銘文因殘損，僅見一「黄」字。據同類器推斷爲黄夫人匜。

（邵金寶）

九三　黃夫人方座

春秋早期
高一三・六、長二一・一、寬一一・九厘米
一九八三年河南光山寶相寺出土
河南省信陽地區文物管理委員會藏

器呈盝頂形，上有方形小插座，插座上有對應的小方孔以便加固。小方孔下飾獸體卷曲紋一周，器身斜面飾鱗紋，直面飾獸體卷曲紋，盝頂面有銘三行十一字：「黄子作黄甫（夫）人孟姬器，則永」語意未完。

（邵金寶）

九四　𨜒子宿車鼎

春秋早期
高三一、口徑二六・五厘米
一九七九年河南羅山高店出土
河南省信陽地區文物管理委員會藏

有蓋，鈕周有三個鳥形捉手，附耳，腹下收成平底，三獸首蹄足，腹中部有凸弦紋，蓋内有銘文三行，共十六字：「唯𨜒子宿車作行鼎，子孫永寶，萬年無疆。」腹銘下多「自用」二字。

（邵金寶）

九五　鄝君叔單鼎

春秋早期

高二八・七、口徑二八・九厘米

傳河南潢川出土

台北歷史博物館藏

立耳，折沿，淺腹，圜底，三蹄足。口沿下飾鱗紋一周，腹飾寬大的變形龍紋。蹄足上之不完整的紋飾，似爲腹部紋飾的延續，對當時青銅器陶範的花紋製作，具有一定的研究價值。腹內壁鑄銘四行二十三字，據銘可知鄝乃黃之分支。

本圖由台北歷史博物館供稿　（周　亞）

九六　鄝子宿車壺

春秋早期

高三三、口徑一一厘米

一九七五年河南羅山高店出土

河南省信陽地區文物管理委員會藏

壺蓋呈圓弧形，筒形口，頸微內弧，圓鼓腹，最大腹徑在腹中部，平底，圈足。肩上有兩個貫耳。腹部有繩紋三周，頸外有銘文三行十五字：「唯鄝季（子）宿車，自作行壺，子孫永用之。」蓋頂銘文一周十三字：「唯季（子）宿車，自作行壺，子孫永用之。」其頸部銘文宿車二字誤倒。

（邵金寶）

九七　鄝子宿車盤

春秋早期

高九・二、口徑三九・四厘米

一九七五年河南羅山高店出土

河南省信陽地區文物管理委員會藏

寬沿，方唇，兩側有環耳，淺腹，圈足。盤內有銘文三行十五字：「鄝季（子）宿車，自作行盤，子孫孫永寶用之。」孫下有重文符號。

（邵金寶）

九八　單盤

春秋早期
高一七、口徑四一・八厘米
一九七二年河南羅山高店出土
河南省博物館藏

器口微侈，方唇寬厚，平底，圈足，下有四伏獸承托。腹飾獸體卷曲紋，圈足飾鱗紋。盤內有銘文三行十八字：「□□單自作盤，其萬年□（無）□（疆）子子孫永寶用享。」單字前兩字和無疆二字均被有意刮去。

九九　單匜

春秋早期
高二〇、長三二厘米
一九七二年河南羅山高店出土
河南省博物館藏

匜體呈瓢形，龍形鋬，首啣匜沿，尾卷曲。四扁形足。口沿外飾獸體卷曲紋，腹飾條紋。四足飾雲紋。匜內有銘文三行十五字：「□□單自作寶匜，其萬年子子孫用之。」單字前兩字被有意刮去。

一〇〇　鄝子宿車盆

春秋早期
高二九、口徑三一・八厘米
一九七九年河南羅山高店出土
河南省信陽地區文物管理委員會藏

弧形蓋上有三捉手和三個虎形鈕，蓋口有扣三個，盆口寬沿方唇，肩上有啣環獸耳，束頸，折肩，腹下內收成平底。通體飾乳釘蟠蛇紋，蓋器對銘四行，共二十字：「唯鄝子宿車自作行盆，子孫永寶用享，萬年無疆。」

（邵金寶）

一〇一、一〇二　子諆盆

春秋中期
高一九·二、口徑二八厘米
一九七五年河南潢川老李店出土
河南省信陽地區文物管理委員會藏

蓋中部隆起，周有三卧牛狀鈕，蓋沿有三個獸首啣扣。器口微侈，方唇，束頸，鼓腹，小圜底。腹兩側有獸首啣環，蓋與器均飾乳釘蟠蛇紋。器蓋對銘，四行十二字：「唯子諆鑄其盂，子孫永壽用之。」銘文自名盂，盂字上下偏旁顛倒，諆字言在其下，鑄字下部的皿，另起一行，均爲特例。

該器形名稱較多，稱盞，稱盆，稱盂等，今據息子行盆，定爲盆。

（邵金寶）

一〇三　樊君盆

春秋早期
高二〇、口徑二五·七厘米
一九七八年河南信陽平西出土
河南省信陽地區文物管理委員會藏

敞口，鼓腹，平底，腹頸間有環耳，上下腹飾蟠龍紋，腹間有繩索紋一周，下腹飾蟠龍紋與獸體卷曲紋，器蓋作半球狀，蓋與頸部有蟠龍紋。器蓋對銘，三行十一字：「樊君夒用其吉金自作寶匜。」

（邵金寶）

一〇四　樊夫人匜

春秋早期
高一九·五、流鋬間長一六·一厘米
一九七八年河南信陽平西出土
河南省信陽地區文物管理委員會藏

器呈瓢形，流上昂，龍首鋬，雙角作鳥紋，下有四獸形扁足。匜腹上爲獸體卷曲紋，下爲横條紋。器底銘文兩行九字：「樊夫人龍嬴自作行匜。」

（邵金寶）

一〇五　獸體卷曲紋鼎

春秋早期

高二六・五、口徑二五厘米

一九八一年河南信陽明港出土

河南省信陽地區文物管理委員會藏

鼎口沿上二直耳，鼓腹，圜底，半蹄足。腹中部有一周凸棱，腹飾獸體卷曲紋。

一〇六　鱗紋鬲

春秋早期

高一一・二、口徑一四・四厘米

一九八六年河南信陽平西出土

河南省信陽地區文物管理委員會藏

侈口，束頸，折肩，斜腹，三圓足，弧襠，足上飾扉棱。肩部飾鱗紋一周。

（邵金寶）

一〇七　垂鱗紋壺

春秋早期

高二三・三、口徑八・一厘米

一九八一年河南信陽明港出土

河南省信陽地區文物管理委員會藏

筒形口，頸微內弧，圓鼓腹，平底，圈足，肩部有雙貫耳。肩飾蟠龍紋，腹飾鱗紋。

（邵金寶）

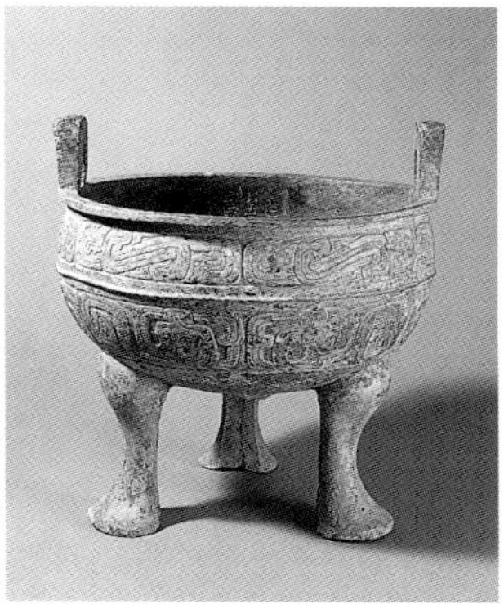

一〇八 卷龍紋簠

春秋早期
高二一・二、口徑長三三、寬二三厘米
一九七八年河南信陽平西出土
河南省信陽地區文物管理委員會藏

有蓋，蓋上有捉手，鼓腹，平底，圈足，下有三獸首足，雙耳爲龍首形，腹周飾橫條紋，蓋沿與腹上部爲卷龍紋，圈足爲鱗紋。

（邵金寶）

一〇九 番祀伯者君鼎

春秋早期
高二四・六、口徑二二・五厘米
一九七九年河南信陽楊河出土
河南省信陽地區文物管理委員會藏

立耳，折沿，鼓腹，圜底，蹄足。腹上部飾獸體卷曲紋，腹下部飾蟠龍紋，腹內鑄銘四行，共十九字：「唯番祀白（伯）者君自作寶鼎，其萬年子孫永寶用□。」番或釋甫，祀或釋哀。同形與同銘的還有一鼎，爲同時鑄成的。

（邵金寶）

一一〇 祀伯庸盤

春秋早期
通高一三、口徑三八厘米
一九六四年河南桐柏出土
河南省博物館藏

敞口，平窄沿，淺腹，附耳，圈足外侈，下連三個小足。耳、腹、圈足分別用重環紋、斜角雲紋和垂鱗紋裝飾。盤內鑄「祀伯庸自作寶盤其萬年疆無子孫永用享」十七字銘文。

（王 瑋）

一一一、一一二　番君白⿰龍攴盤

春秋早期

高一二、口徑三一·五厘米

一九七八年河南潢川劉砦出土

河南省信陽地區文物管理委員會藏

敞口，附耳，淺腹，平底，圈足，圈足下附三獸首足。盤腹飾獸體卷曲紋。圈足飾鱗紋，盤中心有兩條卷曲的龍紋。盤底周圍有獸體卷曲紋，在盤底兩花紋帶之間有一周銘文，共十八字：「唯番君白⿰龍攴用其赤金，自萬年子孫永用之亯（享）。」

（邵金寶）

一一三　番君白⿰龍攴盤

春秋早期

高一二、口徑三一·五厘米

一九七八年一月河南潢川彭店出土

河南省潢川縣文化館藏

敞口，淺腹，平底，圈足，上附雙耳，下附三個獸首足。腹及圈足飾獸體卷曲紋和鱗紋。盤內底周圍飾獸紋帶，中心飾蟠龍紋，其間有銘文一周共十八字：「唯番君白⿰龍攴用其赤金自萬年子孫永用之亨」。

一一四　番昶伯者君匜

春秋早期

高一八·七、流鋬間長三六·五厘米

一九七九年河南信陽楊河出土

河南省信陽地區文物管理委員會藏

器呈瓢形，前有長流，後有龍形鋬，下有四扁足。口沿外飾獸體卷曲紋，下腹飾橫條紋，匜內有銘文四行二十字：「唯番昶白（伯）者君自作寶匜，其萬年子子孫永寶用亯（享）。」

（邵金寶）

一一五　番伯享匜

春秋早期

高二〇・五、流鋬間長三六厘米

一九七四年河南信陽彭崗出土

河南省信陽地區文物管理委員會藏

整器呈瓢形，前有長流，後有龍首鋬，下有四扁足，口沿外飾獸體卷曲紋，下腹飾横條紋。匜內有銘文四行十七字：「唯番白（伯）畣（享）自作匜，其萬年無疆，子孫永寶用」。

（邵金寶）

一一六　伯𡴖匜

春秋早期

長三〇厘米

一九六四年河南桐柏出土

河南省博物館藏

長流且寬，深腹，圜底，下有四條獸形扁足，缺鋬。器口飾竊曲紋，腹爲横條紋。內底有銘文「唯伯𡴖作寶匜其萬年無疆子子孫永用之」四行十七字。

（王　瑋）

一一七　波曲紋壺

春秋早期

通高三五・二、口徑一二厘米

一九七三年河南羅山出土

河南省博物館藏

體呈圓形。有蓋，蓋上有圈頂，下有子口插入器中較深；器口爲平沿稍內折，長頸微束，兩側各有一獸首狀耳，垂腹，圈足外侈。蓋至圈足分別飾以獸體卷曲紋、波曲紋與鱗紋。

（王　瑋）

一一八　番叔壺

春秋早期

高二五、口徑八厘米

一九八六年河南信陽平西出土

河南省信陽地區文物管理委員會藏

蓋頂有橋鈕，筒形口，頸微內弧，圓鼓腹，平底，圈足。肩部有雙貫耳。肩與腹部飾獸目交連紋。頸部外有銘文四行十二字：「番叔□龠自作寶壺，其永用之。」

（邵金寶）

一一九　蟠蛇紋鼎

春秋早期

通高二九、口徑二四厘米

一九六六年河南潢川出土

河南省博物館藏

蓋微隆起，頂中部有一個拱體雙首小獸身套環構成的抓手，近邊處附三個鳥形環鈕。器身子口，深腹，附耳，圜底，下有帶獸面的蹄形高足，足外撇。蓋與器身均飾蟠蛇紋、繩索紋。

（王　瑋）

一二〇　獸目交連紋簋

春秋早期

高二四·五、腹徑二二·五厘米

一九七八年一月河南潢川彭店出土

河南省潢川縣文化館藏

子母口，帶蓋。鼓腹，平底，圈足，圈足下附三個獸首足。蓋頂有捉手，周圍飾瓦紋，邊緣飾獸目交連紋。腹部紋飾與蓋同。腹兩側各一龍首形耳，上有螺旋狀雙角。圈足飾鱗紋。

一二一　卷龍紋方壺

春秋早期
高二四、口徑寬九·五、長一一·五厘米
一九七八年河南潢川劉砦出土
河南省信陽地區文物管理委員會藏

子母口，缺蓋，垂腹，平底，圈足。腹上部飾對鳥紋，腹下部飾相對的卷龍紋。圈足飾曲折三角紋。

（邵金寶）

一二二　環耳蹄足敦

春秋晚期
通高二〇·三、口徑二二·六厘米
一九六六年河南潢川高稻場出土
河南省博物館藏

蓋隆起，頂部有六柱環形捉手，周圍鑄四個環形鈕。器口微斂，平折沿，折肩，收腹，圜底，下有帶獸面的蹄狀矮足。器腹有四個環形鈕，與蓋鈕上下對應。

（王　瑋）

一二三　蟠蛇紋盤

春秋晚期
高九、口徑三一·六厘米
一九六六年河南潢川高稻場出土
河南省博物館藏

敞口，小方唇，淺腹，腹上部有一對半環形耳，耳內套一活環，平底，下有蹄狀三足。盤腹壁飾纖細的蟠蛇紋一周。

（王　瑋）

一二四　素面罍

春秋早期

高二〇·七、腹徑二五厘米

一九七八年河南潢川彭店出土

河南省信陽地區文物管理委員會藏

直口，平沿，深鼓腹，小平底。有對稱的繩索狀耳。（邵金寶）

一二五　鱗紋匜

春秋中期

高一一、口徑一八·三、流鋬間二六·七厘米

一九八一年河南信陽明港出土

河南省信陽地區文物管理委員會藏

口面呈橢圓形，短流，侈口，束頸，折肩，後有一鋬。圓腹，平底。頸部飾圓點，鱗紋。鋬部飾獸首紋。（邵金寶）

一二六　鼠季鼎

春秋早期

高三三·九、口徑四〇·一厘米

台北歷史博物館藏

立耳，方折沿，淺腹，圜底，下承三個短錐足。錐足鼎在這一時期的青銅器中極其罕見。腹部上飾變形獸體紋一周，下飾大小相間的鱗紋一周，足根飾獸面紋。腹內壁鑄銘十八字，記鼠季爲嬴氏作此行鼎。

本圖由台北歷史博物館供稿（周　亞）

一二七　商丘叔簠

春秋早期
高一七・二、口縱二二・二、口橫二七・三厘米
上海博物館藏

整器作長方形，器蓋對稱，腹壁斜坦。蓋頂飾兩頭龍紋，器、蓋口沿下及圈足飾變形獸體紋，腹飾龍紋。器蓋同銘十七字，記器主爲商丘叔，商丘乃宋國之都，故此屬宋國之器。

（周　亞）

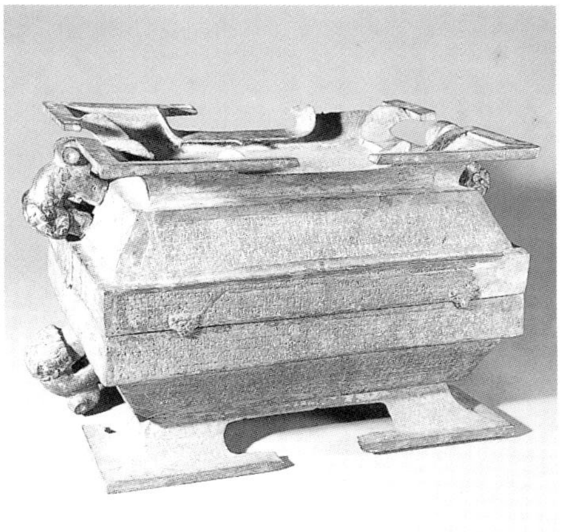

一二八　宋公䜌簠

春秋晚期
高二五、口縱三三・五、橫二六・五厘米
一九七八年河南固始侯古堆大墓出土
河南省文物考古研究所藏

長方體，直口折壁，直口有一定寬度，腹較深，矩形圈足，腹側有一對小獸首耳。器內有銘文兩行二十字：「有殷天乙唐（湯）孫宋公䜌作其妹勾敔（吳）夫人季子媵匿（簠）。」

該簠係宋景公嫁其妹予吳國時所作的陪嫁品。宋國爲商先祖成湯的後裔。該器具有重要的史料價值。

一二九　交龍紋鼎

春秋晚期
高三二、口徑二五厘米
一九七五年河南洛陽郊區出土
河南省洛陽博物館藏

握手頂蓋。斂口附耳，深腹圜底，蹄形足，底部有鑄痕，并有黑煙痕。腹部和蓋上各飾交龍紋兩組，雲雷紋鋪地，上寬下窄，腹中部間以繩紋一周。耳部飾雲雷紋。蓋上握手飾蟠蛇紋，握手內飾蟠龍紋，皆以小圓點爲地。（李隨森）

一三〇　哀成叔鼎

戰國早期
高三三、口徑三二·五〇厘米
一九六六年河南洛陽市西工區出土
河南省洛陽博物館藏

淺圓腹，附立耳，瘦高蹄足，帶圈首拱蓋。腹內壁有銘文八行五十四字。作器者名嘉，自稱爲鄭國人，自幼離父母之邦，鑄此鼎爲祭祀哀成叔，并表示忠于康公。（李隨森）

一三一 雲紋鼎

戰國中期
高三六、口徑三五·九厘米
上海博物館藏

蓋器一體作扁球形，蓋置三個環形鈕，器兩側有鋪首啣環耳，三蹄足甚矮而上部寬大。自蓋至腹飾連續的斜角雲紋五道，紋飾疏朗，活潑，是繼春秋中期以來青銅器紋飾日趨繁縟細密之後，出現的一種清新簡樸的青銅器裝飾藝術。

（周　亞）

一三二 花瓣紋鼎

戰國中期
高一七·五、口徑一九、腹徑二一、底徑一一·五厘米
一九七四年甘肅平涼廟莊出土
甘肅省博物館藏

鼎體呈扁球形，蓋微凸起，蓋上三獸鈕。器口微斂，器兩側有鋪首啣環，三矮足。蓋頂中心飾水旋紋，器蓋及器身間飾變體龍紋和六瓣花紋各兩周，花紋陰刻。器形與洛陽西工區六號戰國墓銅鼎近似。

（李曉青）

一三三　錯金雲紋鼎

戰國中期
高一四、口徑一二・一厘米
一九六六年陝西咸陽出土
陝西省咸陽市博物館藏

通體以金銀片錯成幾何雲紋，蓋頂飾蓮瓣紋，環繞兩周雲紋，腹部雲紋以下飾金銀交錯的三角紋。耳、足及蓋上的三個環鈕均有紋飾。

一三四　錯金銀團花紋流鼎

戰國晚期
高一一・四、口徑一〇・五厘米
一九八一年河南洛陽小屯出土
河南省洛陽市文物工作隊藏

鼎扁球形，蓋中心有一鋪首啣環，極少見。器兩側附耳，有流，三矮蹄足。紋飾錯金銀，蓋面及器腹飾四瓣花紋，邊飾雲紋帶，耳、流足飾雲紋。

一三五　鳥紋方簋

春秋晚期
高二一、口長一八・八、底長一一・四厘米
一九七五年河南洛陽郊區出土
河南省洛陽博物館藏

呈方斗形，敞口，口沿平折，四角外各有一扉棱，深腹，平底，下有矮圈足。腹每面飾倒立鳥紋兩組，上面由四隻鳥，下面由兩隻鳥組成，足飾獸面紋。

（李隨森）

一三六　哀成叔豆

戰國早期
高二四・五、豆盤口徑二〇厘米
一九六六年河南洛陽市西工區出土
河南省洛陽博物館藏

蓋和豆盤有子母口緊相脗合。蓋有握手。豆盤下爲柱形把及喇叭形底盤。豆盤內底部有銘文五字：「哀成叔之⿱脂皿。」（李隨森）

一三七、一三八　狩獵紋壺

戰國早期
高三九・五〇、口徑一一厘米
一九八二年河南洛陽市西工中州路出土
河南省洛陽博物館藏

侈口，長頸，斜肩，深腹，圈足。肩部有一對獸首含環；口部上有環鈕拱形蓋。頸肩及腹飾鳳鳥紋和人與虎、豹、鹿、野牛、翼獸等狩獵場面，藝術價值極高。（劉航寧）

一三九　幾何紋方壺

戰國中期
高一四・五、口邊長七・二厘米
上海博物館藏

高頸、寬肩、斜腹、鋪首啣環耳。全器滿飾連續的菱形紋飾，在方格形的構圖中有勾曲形雲紋。鑲嵌物脫落已盡，但從其紋飾結構來看，不難想像出當年此器的豪華絢麗。（周　亞）

一四〇　宴樂狩獵攻戰紋壺

戰國中期
高四〇・七、寬二四・六厘米
故宮博物院藏

侈口，斂頸，鼓腹，最大腹徑在中部，矮圈足。全器主體紋飾分三道：第一道表現射禮和嬪妃採桑，第二道一側爲饗食禮，上爲宮室宴饗，下面擊磬伐鼓鳴鐘場面，另一側表現弋射和捕魚情景；第三道表現水陸攻戰場面，一側爲攻城戰場，城下戰士多架雲梯攻城，守城戰士站在城上抗擊。另一側爲水戰戰場，兩戰船上層正處于激戰狀態，下層有槳手搖船奮進。這表明從春秋後期發展起來的人物畫像，至此已相當成熟。戰國時期貴族生活與時代特點已能概括地表現出來。

一四一　嵌龍紋壺

戰國早期
高五五・九厘米
美國舊金山亞洲藝術博物館藏

蓋微隆，上有四個環鈕。小口，長頸，斜肩，深鼓腹作卵形，圈足，肩兩側設鋪首啣環耳。通體飾紅銅鑲嵌的各種形態的龍紋，或作幾何形構圖的抽象龍紋，或作凹腰拱背的爬行龍紋，腹底部爲斜角對稱的兩頭龍紋。紋飾的構圖布局極爲講究，裝飾工藝也屬精湛。本圖由美國舊金山亞洲藝術博物館供稿　（周　亞）

一四二　變形獸紋扁壺

戰國中期

高三〇・八、腹縱二二・四、腹橫三一・七厘米

上海博物館藏

圓口、短直頸，扁圓腹，長方形矮圈足，兩肩有鋪首啣環。腹部紋飾以長方格爲欄，內飾變形獸體紋，上有層疊的羽翅突起。頸部鑲嵌三角形紅銅，腹部長方格欄內也用紅銅鑲嵌。肩部分兩次刻銘文共十八字，記述了不同時期壺的容量變化及其重量，對研究戰國時期的量制變化，具有重要的資料價值。　（周　亞）

一四三　變形龍紋扁壺

戰國中期

高三二・四厘米

美國舊金山亞洲藝術博物館藏

小口，短頸略內收，扁橢圓形深腹，長方形圈足，肩兩側置鋪首啣環耳。器腹長方格界欄內飾斜角線構圖的變形龍紋。

本圖由美國舊金山亞洲藝術博物館供稿　（周　亞）

一四四　錯銀幾何紋扁壺

戰國中期

高三一・二厘米

美國弗利爾美術館藏

小口略侈，頸微收，橢圓形扁腹較深，長方形圈足，肩兩側置鋪首啣環耳。通體飾對稱的錯銀幾何紋，裝飾華麗，工藝精良。

本圖由美國弗利爾美術館供稿　（周　亞）

一四五　繁安君扁壺

戰國晚期
通高二六・五、口徑九・六厘米
中國歷史博物館藏

圓口，腹扁圓而微向外鼓，長方委角形圈足，兩側肩、腹各有一鋪首啣環。器表光素，圈足的一面有七字刻銘：「繁㝃（安）君亓（其）鉳（鉼）弍（貳）孛。」兩肩處各刻一字「酉（酒）」、「樂」。扁壺是春秋戰國時期出現的新式壺樣。此壺器面平滑，鑄造精良，從刻銘可知爲繁安君使用的盛酒器。（盛爲人）

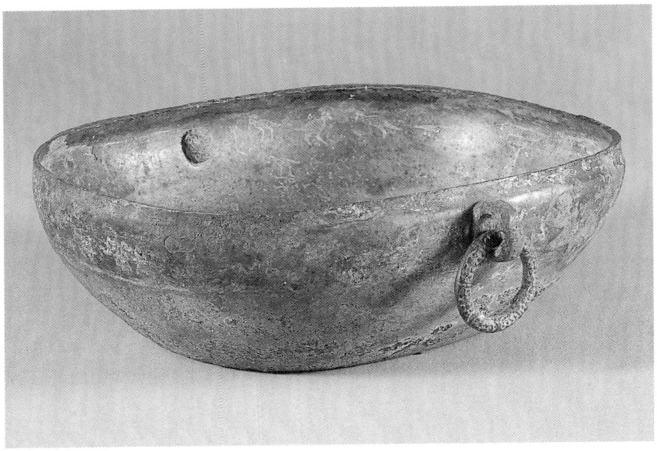

一四六、一四七　刻紋宴樂畫像杯

戰國早期
高六・二、口縱一八・四、口橫一四・九厘米
上海博物館藏

橢圓形，口略弇，腹下部逐漸收斂，平底，兩側爲啣環耳。全器內外壁用鏨刻的方法，以連續的點狀線條刻畫出非常精細的圖案。內壁畫像以兩座建築物爲中心，人物或宴飲、或擊鼓鳴鐘，或翩翩起舞，也有數人作弋射狀。內底刻有軀體交纏的龍紋。外壁畫像在一座建築物周圍，人物作宴樂狀，另有飛禽走獸及車馬等。整個畫像有人物四十八人，建築物三座，車二輛，鳥三十三隻，獸十頭，以及鼎鑊壘豆等器物。所有這些有條不紊地布置在杯的內外壁，各種人物、禽獸栩栩如生，構成了一幅有聲有色的戰國時期貴族生活的畫卷。（周　亞）

一四八　鈎內戟

戰國中期
長三四、寬二八厘米
一九六五年河南南陽徵集
河南省南陽市博物館藏

援微弧，鋒呈三角形，胡部有兩個鋒利的棘突，闌端殘，上有一穿。內爲鈎形，脊呈帶狀，無穿，下有兩個棘突。戈與鈹連鑄，鈹脊上起三凸線形成兩道血槽。銎較厚，飾蟠蛇紋、獸體卷曲紋和勾連雷紋，銎上有二孔。此戟造型別致，鑄造精細，是研究我國兵器史的重要資料。

（崔憂明）

一四九　繁陽劍

戰國晚期
長四五、寬三·九厘米
一九七四年河南洛陽凱旋路出土
河南省洛陽文物工作隊藏

劍身有從，無格，扁莖側有兩小突。身上一面有錯紅銅銘文「繁陽之金」四字。

此劍出土時插于象牙鞘內，鞘口飾有浮雕獸面。劍首原有垂飾，用珍珠十二顆串成，非常華美。繁陽屢見金文，是南方著名産銅區，據研究在今河南新蔡縣北。

一五〇　人物立像

戰國晚期

高三〇厘米

一九二三年河南洛陽金村出土

美國波士頓美術博物館藏

人像昂首，臉龐豐腴，雙目凝視左手所持銅棍上之玉鳥，頭髮向兩邊分梳成辮垂于胸前。肩着草類編織的披肩，領口飾貝紋一周，身穿直紋長袍，然坦胸露肚，束腰，右側懸一環首短劍。足蹬皮靴，立于長方形平板上。雙手各持一筒形物，插一根短棍，棍的頂端分叉作樹杈狀，上各立一隻玉鳥，或以爲後加之物。

本圖由美國波士頓美術博物館供稿　（周　亞）

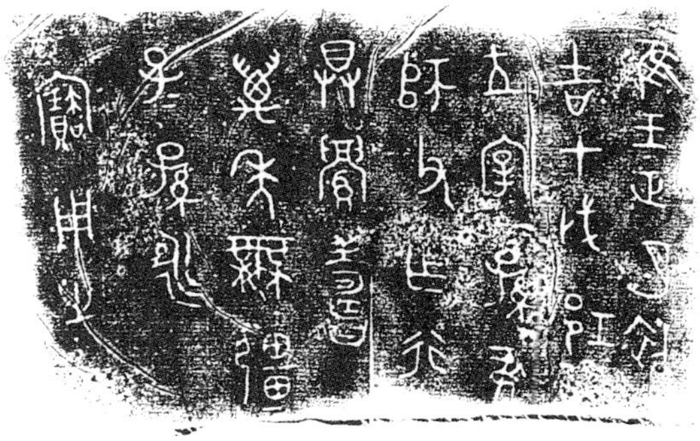

10

2

28

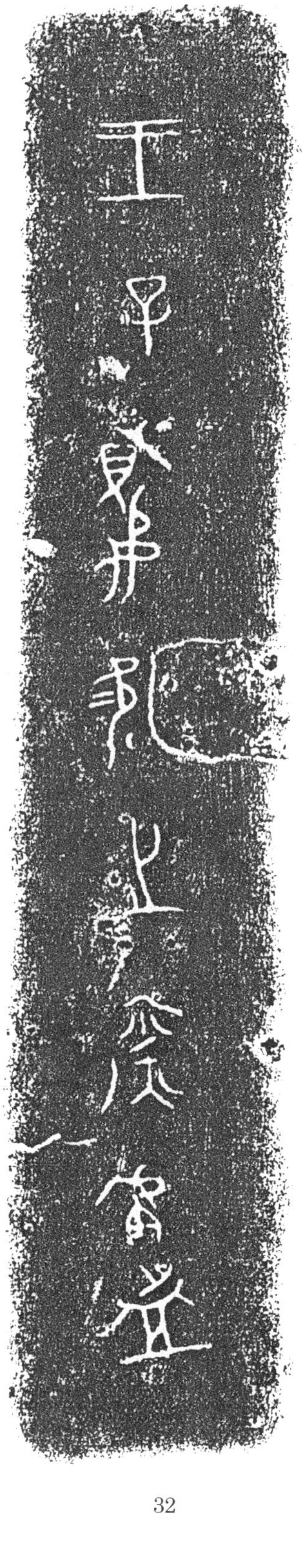

32

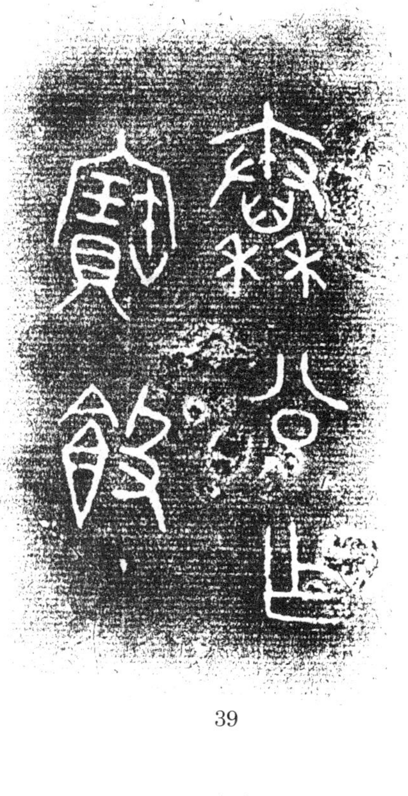

39

34

本書選錄青銅器銘文拓片

2.虢季鬲　10.孫叔師父壺　28.鄭伯壺
32.王子嬰次爐　34.秦公鼎　39.秦公簋

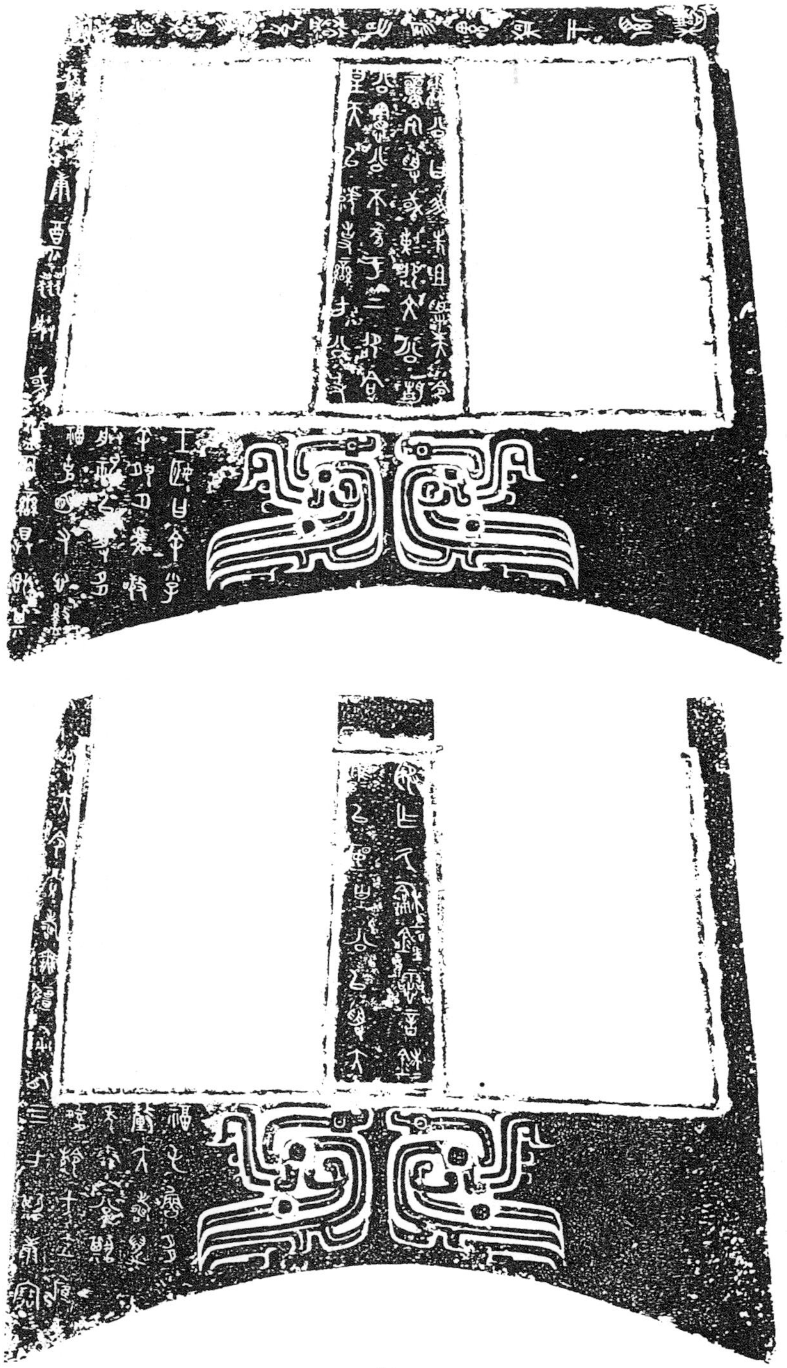

51

40

本書選錄青銅器銘文拓片

40.秦公簋　51.秦公鐘

52

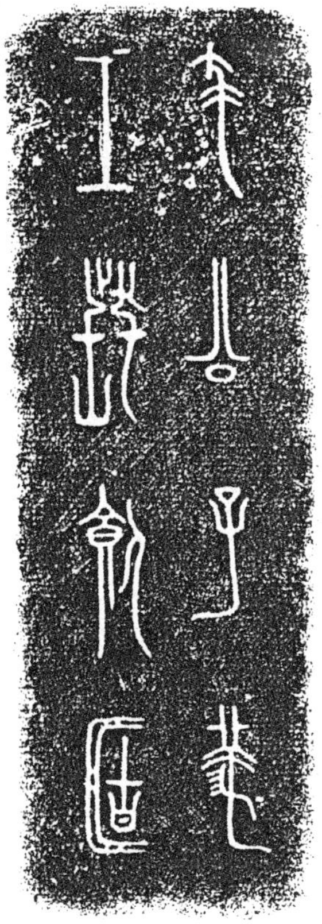

66

65

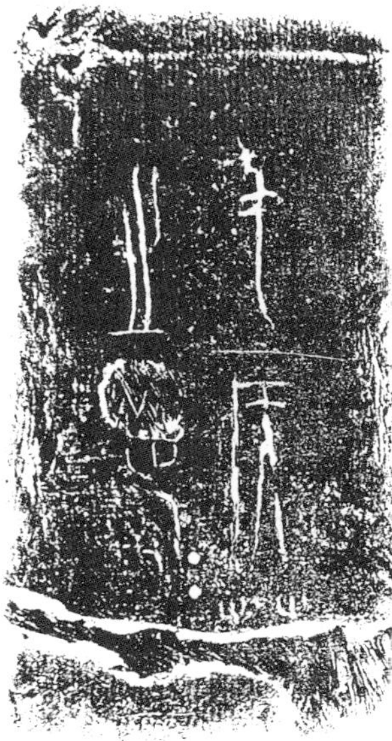

62

61

本書選錄青銅器銘文拓片

52.秦公鎛　61.蔡侯鼎　62.蔡侯鼎　65.蔡侯簋　66.蔡公子義工簠

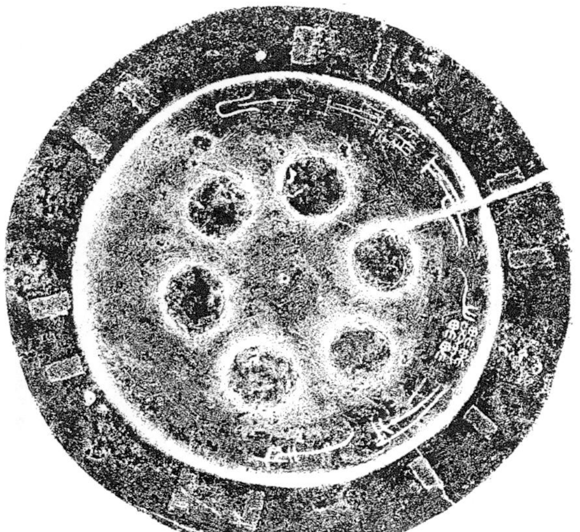

71

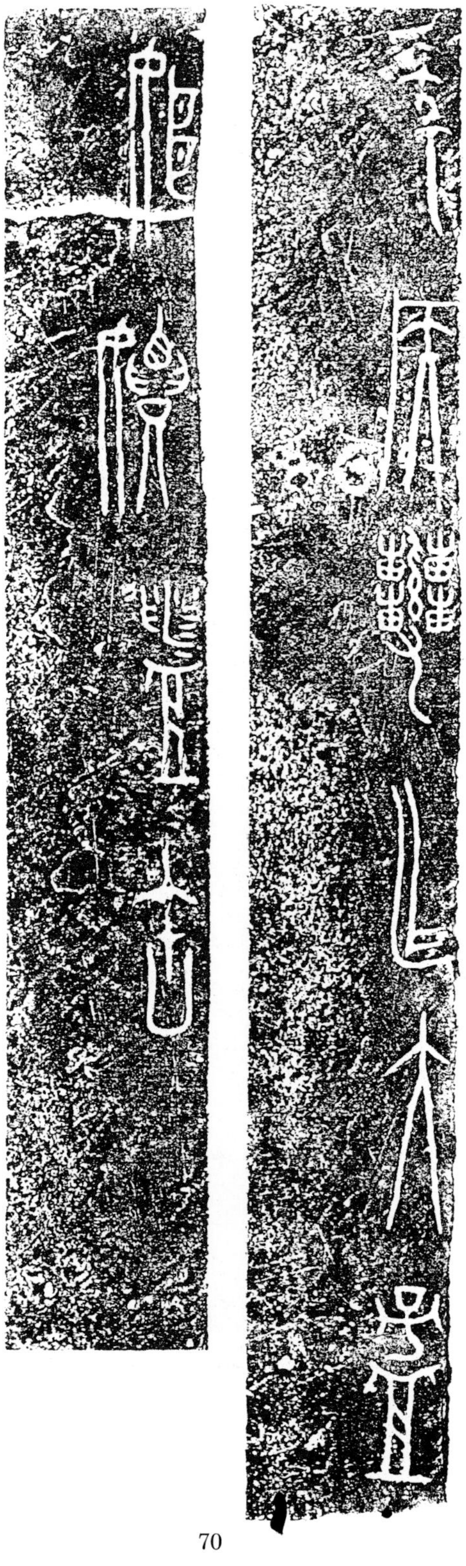

70

69

本書選錄青銅器銘文拓片

69.蔡侯尊　70.蔡侯盥缶　71.蔡侯盥缶

76

74

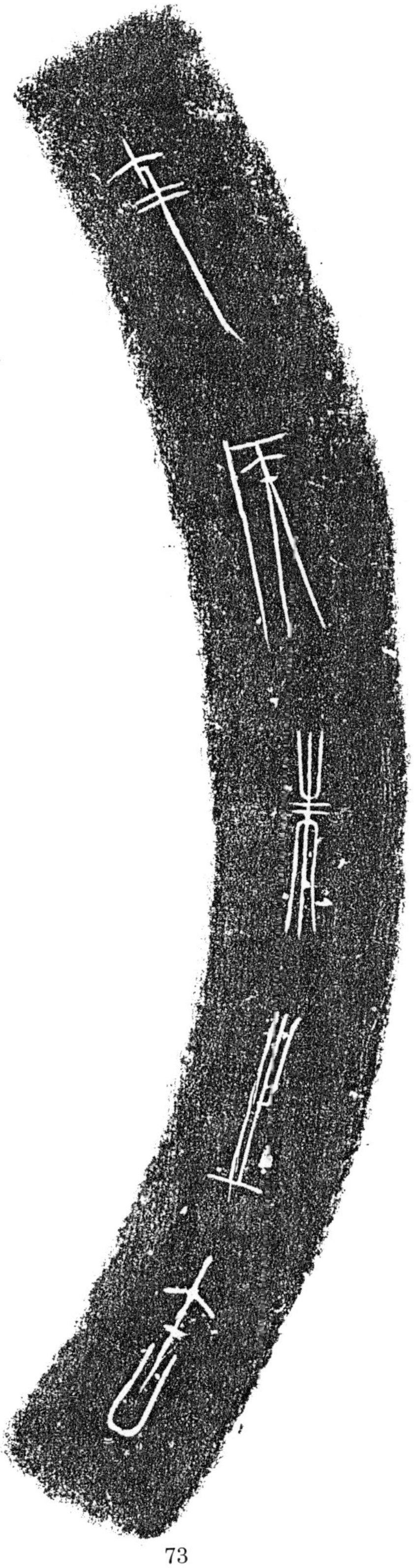

73

72

本書選錄青銅器銘文拓片

72.蔡侯方尊缶　73.蔡侯朱缶　74.蔡侯方壺

76.蔡侯方鑑

79

78

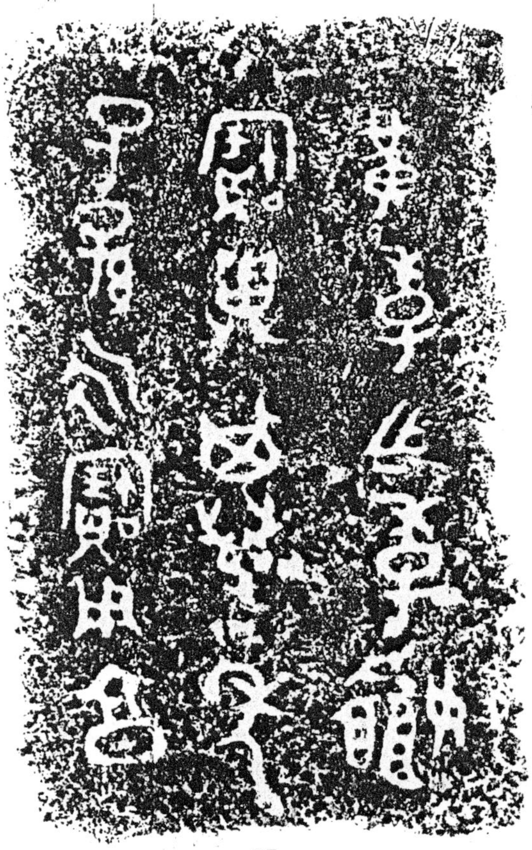

77

81

80

本書選錄青銅器銘文拓片

77.黃季鼎　78.黃君孟鼎　79.黃夫人鼎
80.黃夫人鬲　81.黃夫人鬲

84

86

85

87

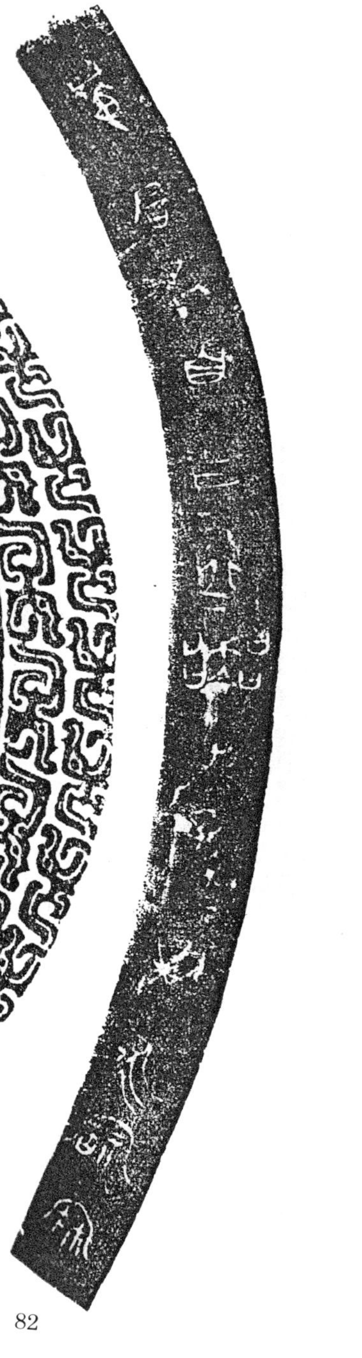

82

本書選錄青銅器銘文拓片

82.黃君孟豆　84.黃君孟壺　85.黃夫人壺
86.黃君孟罍　87.黃夫人罍

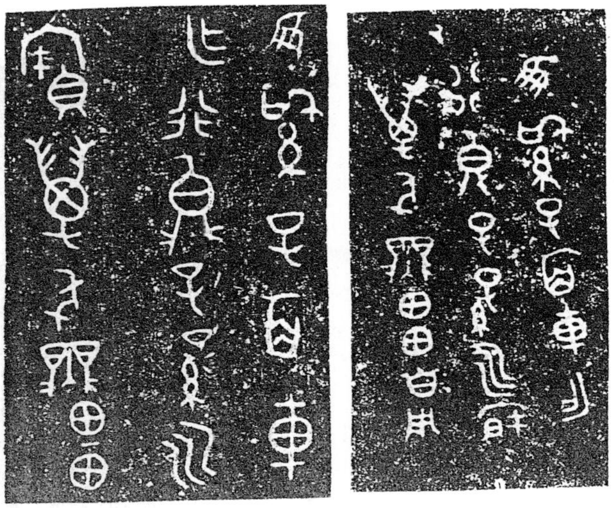

94

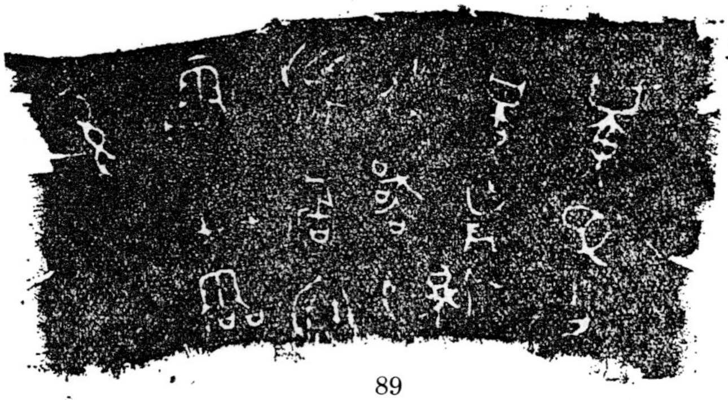

89

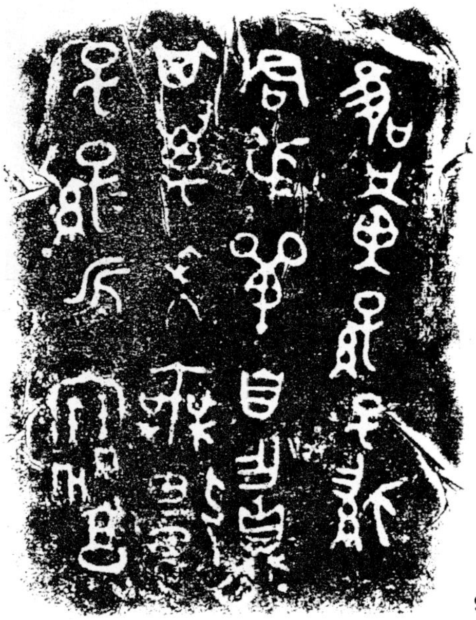

95

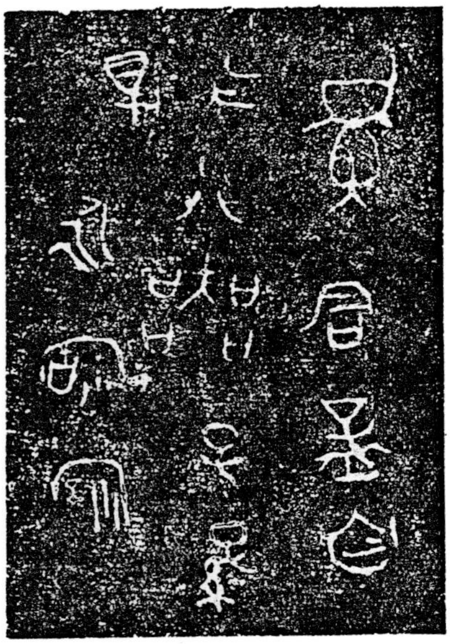

91

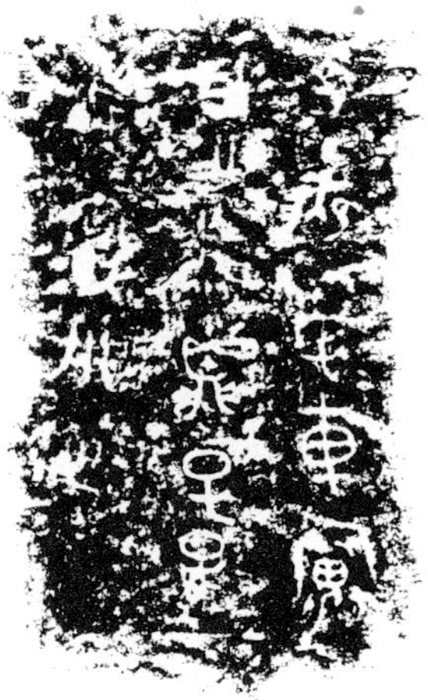

96

93

本書選錄青銅器銘文拓片

89.黃夫人盉　91.黃君孟匜　93.黃夫人方座

94.鄧子宿車鼎　95.鄧君叔單鼎　96.鄧子宿車壺

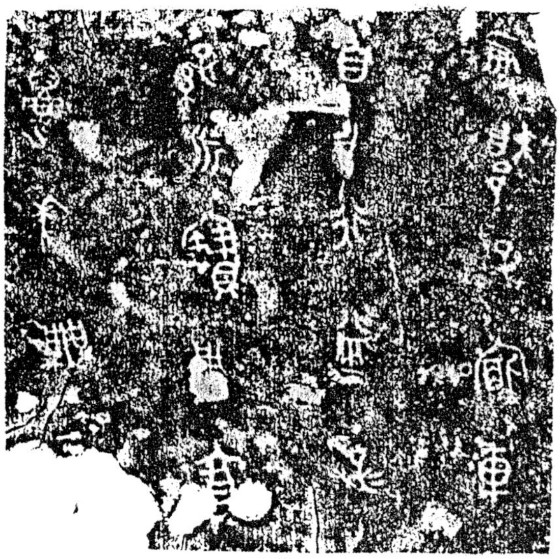

100

99

97

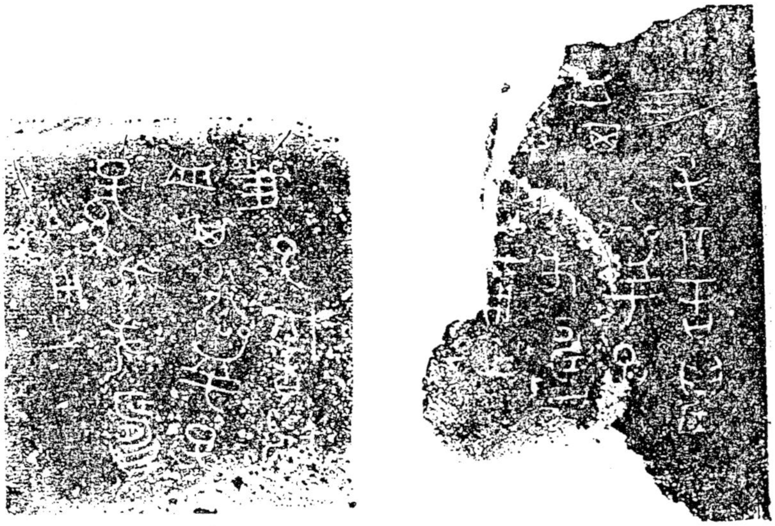

101

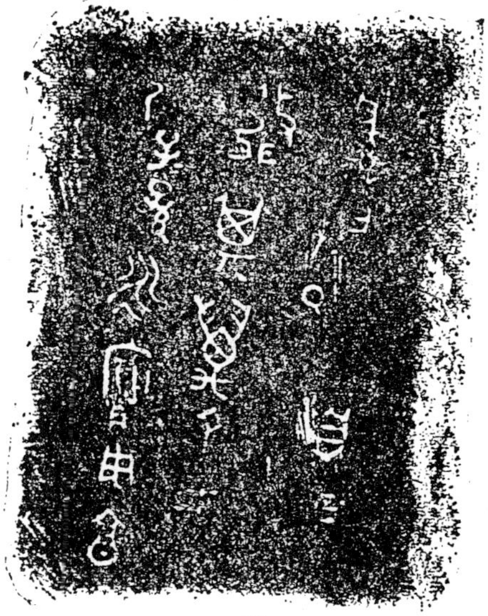

98

本書選錄青銅器銘文拓片

97.鄴子宿車盤　98.單盤　99.單匜
100.鄴子宿車盆　101.子諆盆

113

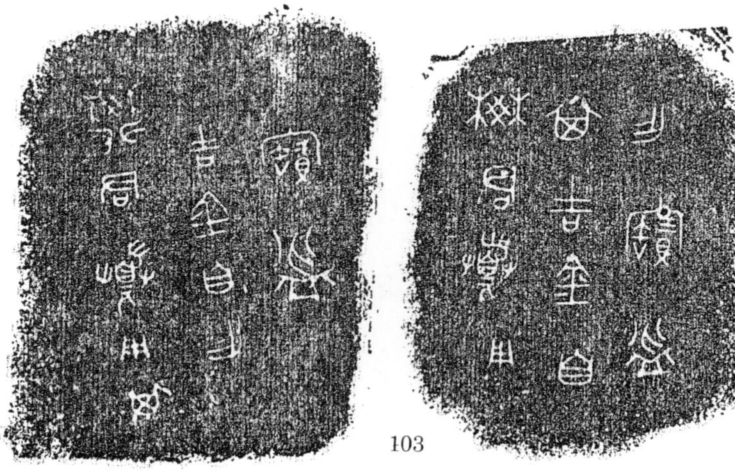

103

111

114

104

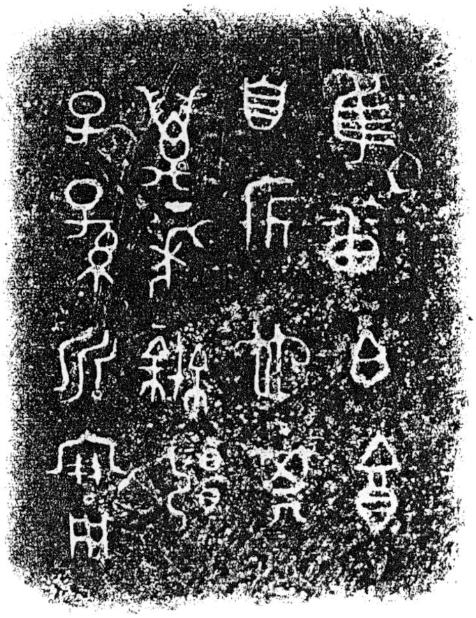

115

110

109

本書選錄青銅器銘文拓片

103.樊君盆　104.樊夫人匜　109.番𧟰伯者君鼎
110.𧟰伯庸盤　111.番君盤　113.番君白㪤盤
114.番𧟰伯者君匜　115.番伯享匜

116

126

127

本書選錄青銅器銘文拓片

116.伯□匜　126.　季鼎甗　127.商丘叔簠

130

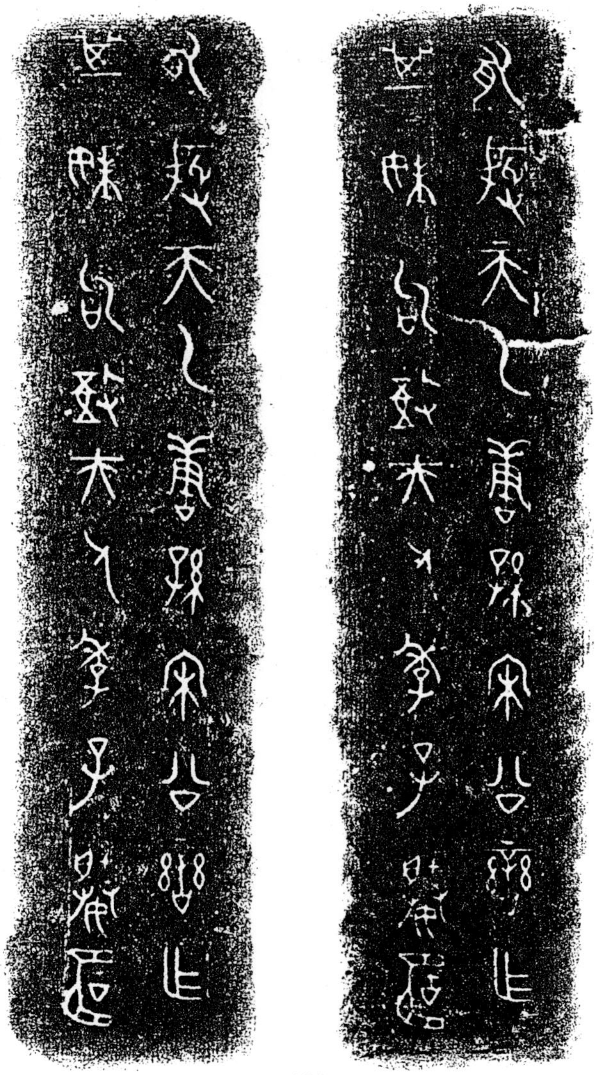

128

136

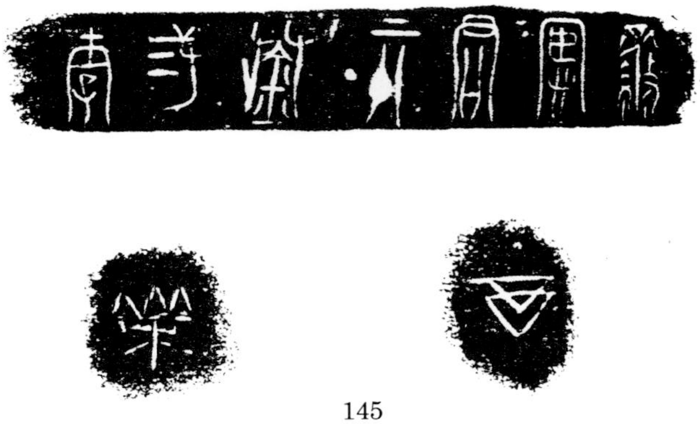

145

本書選錄青銅器銘文拓片

128.宋公䜌簠　130.哀成叔鼎　136.哀成叔豆
145.繁安君扁壺

春秋時期中原群雄列國圖

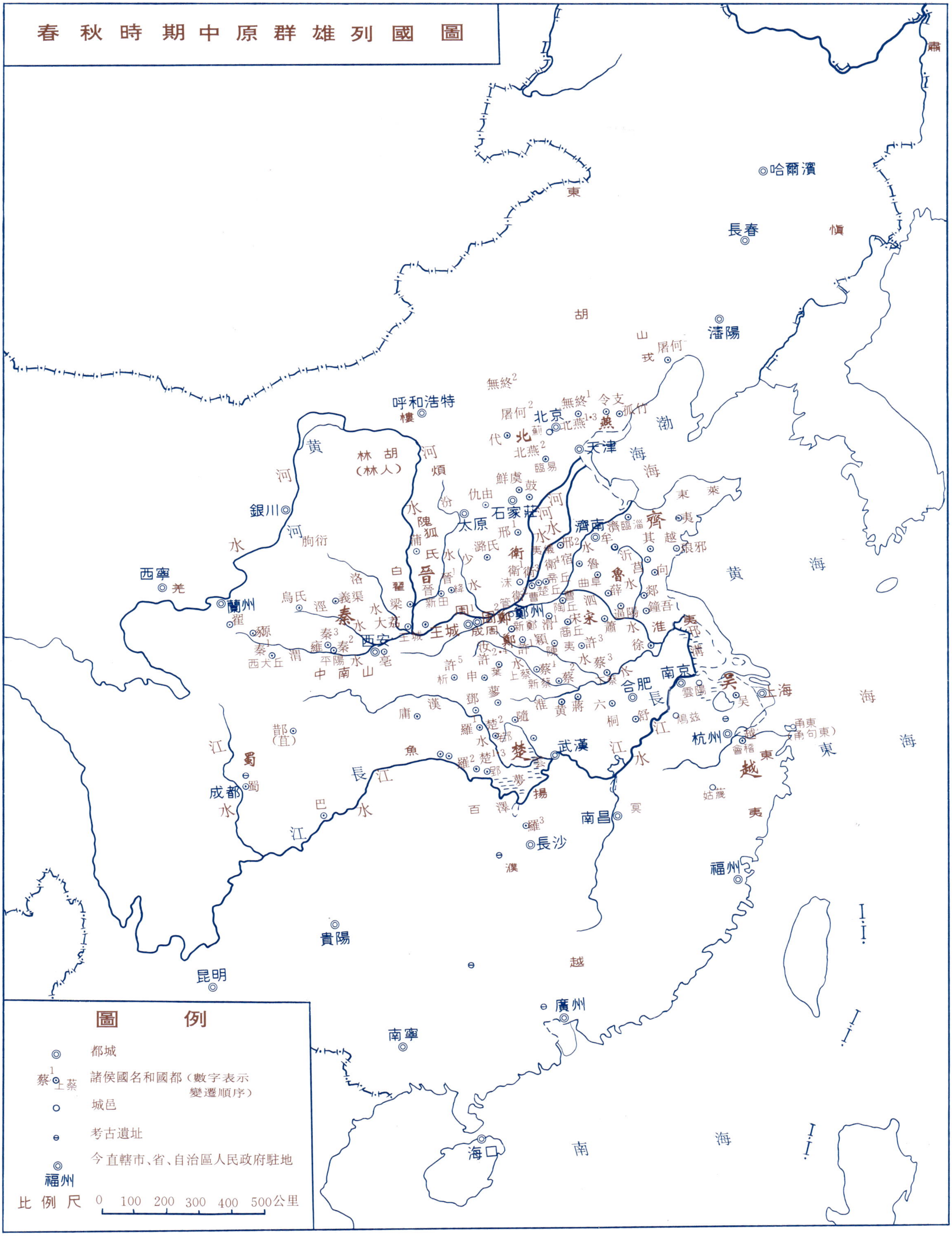

戰國時期中原群雄列國圖

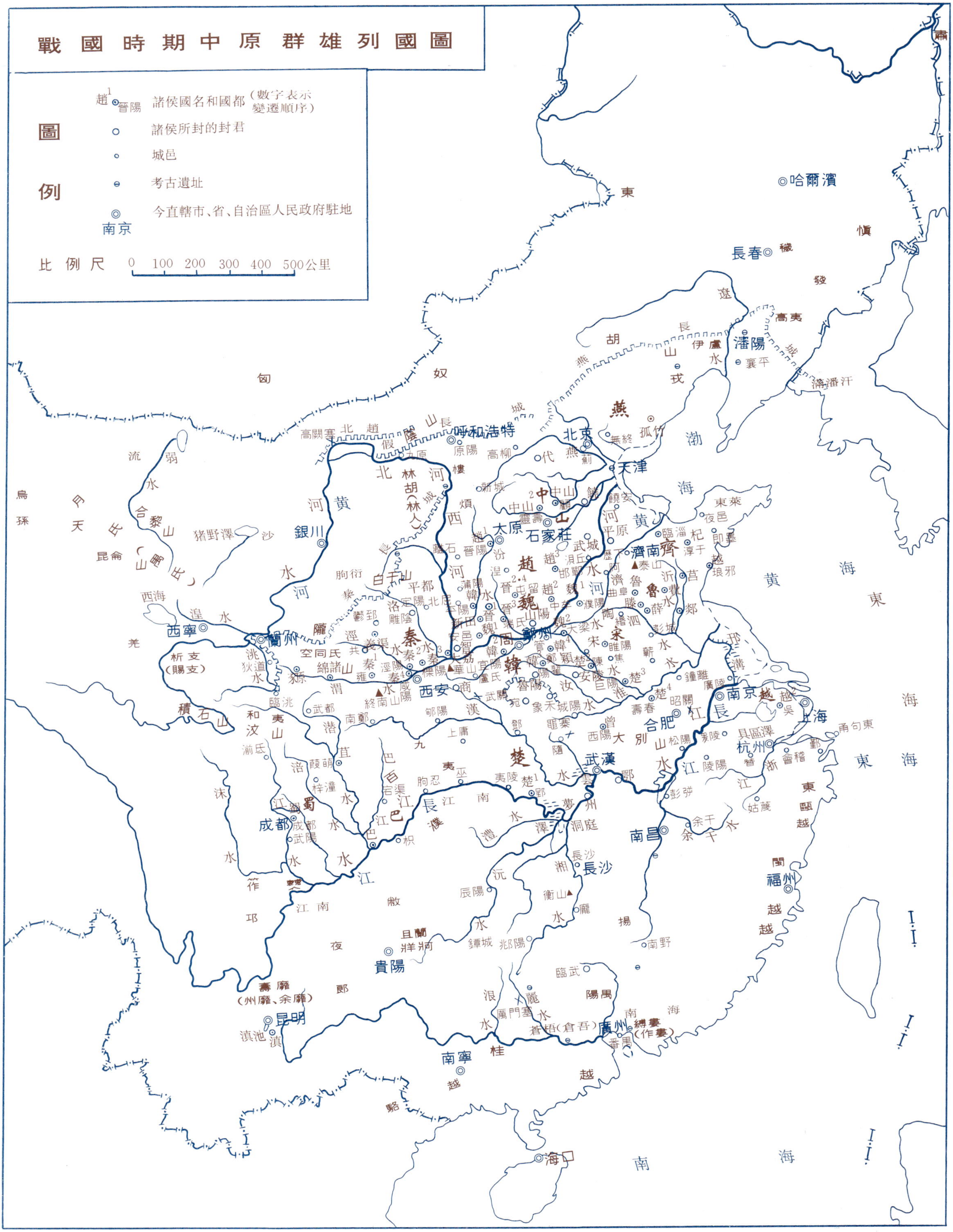

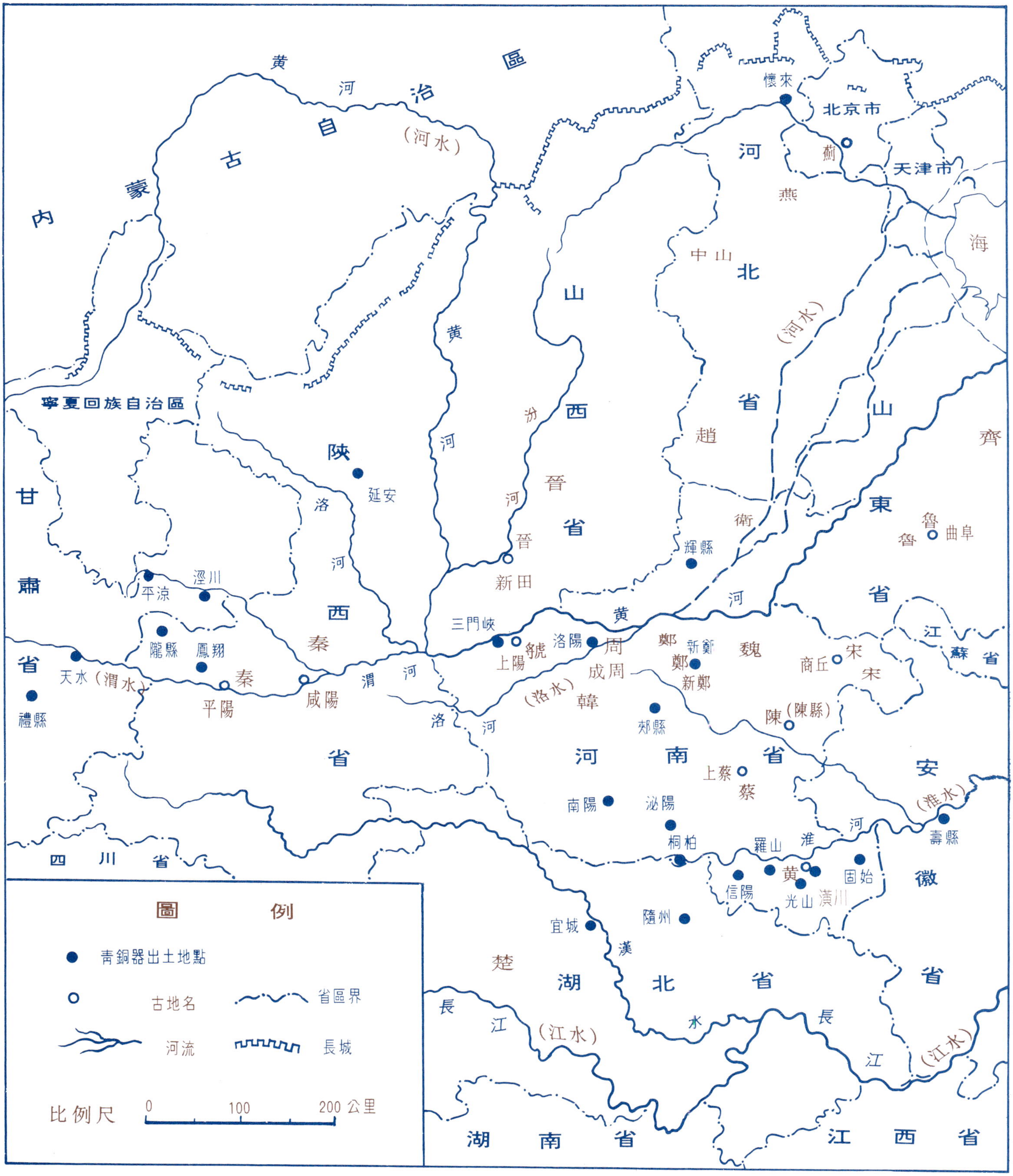

東周時期虢、鄭等國青銅器出土地點分布圖

本書編輯拍攝工作，承蒙以下各單位
予以協助和支持，謹此致謝。

中國歷史博物館
中國社會科學院考古研究所
故宮博物院
上海博物館
河南省博物館
河南省文物考古研究所
河南省信陽地區文物管理委員會
河南省洛陽博物館
河南省洛陽市文物工作隊
河南省潢川縣文化館
河南省南陽市博物館
安徽省博物館

陝西歷史博物館
陝西省考古研究所寶鷄工作站
陝西省鳳翔縣文化館
甘肅省博物館
湖北省博物館
台北歷史博物館
美國舊金山亞洲藝術博物館
美國弗利爾美術館
美國波士頓美術博物館
日本根津美術館
所有給予支持的單位和人士

責任編輯　段書安
封面設計　仇德虎
版面設計　段書安
攝　　影　王蔚波
　　　　　劉小放
圖版説明　郝本性
繪　　圖　邱富科
　　　　　李　淼
責任印製　陳　杰
責任校對　雨　田

圖書在版編目（CIP）數據

中國青銅器全集.7，東周.1／《中國青銅器全集》編輯委員會編.—北京：文物出版社，1998.6
（2018.7重印）
（中國美術分類全集）
ISBN 978－7－5010－1033－2

Ⅰ.①中…　Ⅱ.①中…　Ⅲ.①青銅器（考古）－中國－東周時代－圖集　Ⅳ.①K876.412

中國版本圖書館CIP數據核字（2013）第082875號

中國美術分類全集

中國青銅器全集

第7卷　東周　1

中國青銅器全集編輯委員會編

出版發行者　文物出版社
（北京東直門内北小街二號樓）
http://www.wenwu.com
E-mail:web@wenwu.com

責任編輯　段書安
再版編輯　徐　暘
排版者　北京迅即印刷有限公司
製版者　蛇口以琳彩印製版有限公司
印刷裝訂者　中國鐵道出版社印刷廠
經銷者　新華書店

一九九八年六月第一版
二〇一八年七月第四次印刷
書號　ISBN 978-7-5010-1033-2
定價　三五〇圓

版權所有